Gemüse für Feinschmecker

BELLAVISTA

Christian Willrich

Gemüse für Feinschmecker

Meisterhafte Rezepte,
die leicht gelingen.

Mitarbeit:
Elisabeth Döpp.

Gestaltung der Bildseiten:
Foodfotografie Eising

INHALTSVERZEICHNIS

ÜBER DIESES BUCH

Gemüse ist ein Hit: Es hat das ganze Jahr über Saison, ist vielseitig wie kein anderes Produkt, ist sich selbst genug, scheut aber auch nicht die Verbindung mit anderen, sieht frisch und fröhlich aus und ist – last but not least – ausgesprochen gesund. Es erfüllt also alle Voraussetzungen, die ein Feinschmecker, ob Koch oder Genießer an eine harmonische, geschmacklich interessante und hochwertige Mahlzeit stellt. Die Gerichte für dieses Buch hat ein Koch entwickelt, dem hochwertige Küche und gesundes Essen gleichermaßen am Herzen liegen. Während seiner Ausbildung lernte der gebürtige Elsässer die klassische, sprich französische Küche kennen und lieben. Später gesellte sich dazu das Interesse für eine leichte, gesunde Ernährung, die nicht belastet, sondern im Gegenteil fit und leistungsfähig macht. Wie gut sich diese beiden Ansprüche ergänzen und wie verlockend die Ergebnisse sind, beweisen die Gerichte in diesem Buch: es enthält Christian Willrichs köstlichste Kreationen für Vorspeisen und kleine Gerichte, Suppen, Gemüsetöpfe und Hauptgerichte, mal überbacken, mal kurz gegart.

Probieren Sie die raffinierten Entrées wie Avocadoflan mit geräuchertem Wildlachs oder Gurkensorbet mit Löwenzahn und Sellerie und lassen Sie sich verführen von den leichten Suppen und Gemüsetöpfen wie Japanische Gemüsesuppe mit Nori oder Gemüsetopf mit Lychees. Bei den köstlichen Hauptgerichten können Sie beispielsweise wählen zwischen Rotkohl mit karamelisierten Birnen auf Holundersauce, vegetarischem Chili oder Kohlrabirösti mit Morchelsauce und Wirsing, um nur einige der verführerischen Gerichte zu nennen.

Wie jeder große Koch legt auch Christian Willrich besonderen Wert auf höchste Qualität der Produkte. Vor allem Gemüse muss immer erntefrisch sein und sollte möglichst an der Pflanze ausgereift sein, damit es alle Aromastoffe entfalten kann.

Und natürlich auch der schonende Umgang, sprich die sachgemäße Vorbereitung und das schonende Garen, spielen eine entscheidende Rolle, damit alles immer köstlich schmeckt. Die Rezeptbeschreibungen in diesem Buch sind so ausführlich, dass alles leicht gelingt. Dazu erfahren Sie Wissenswertes rund ums Kochen und erhalten wertvolle Tipps für eine gesunde Ernährung. Lassen Sie sich beim Aussuchen des passenden Gerichtes von den wunderschönen Fotos, die exklusiv für dieses Buch gestaltet wurden, anregen. Sie zeigen auch auf eindrucksvolle Weise, wie man die Gerichte fantasievoll anrichtet. Und nun viel Spaß beim Nachkochen und guten Appetit!

Mein besonderer Dank gilt Elisabeth Döpp für die fruchtbare Zusammenarbeit.

Für vielseitige Unterstützung danke ich Joachim Bahrke und Dieter Dreesen.

Außerdem möchte ich dankbar nennen: Jörn Rebbe und das gesamte »Greens«-Team.

CHRISTIAN WILLRICH

Christian Willrich, geboren und aufgewachsen im Elsaß, interessierte sich schon immer für alles, was mit Kochen zusammenhing. Früh stand für ihn fest, welche Laufbahn er einschlagen würde.

Seit seiner Ausbildung zum Koch im renommierten Restaurant »Zimmer« in Straßburg pflegt Christian Willrich die feine französische Küche. Und im Kurort Vittel wo er häufig während der Saison tätig war, entdeckte er die geschmackliche Qualität der leichten, gesunden Kurküche. Diese Erfahrungen nutzte er, als er 1980 Chef de Cuisine des französischen Feinschmeckerrestaurants »La Campagne« in Bremen wurde. So hat ihn auch die Aufgabe gereizt, im »Kreativen Haus«, einem Seminarzentrum in Worpswede, die Leitung der vegetarischen Vollwertküche zu übernehmen. Er kombinierte diese neue Form des Kochens mit seiner feinen, leichten französischen Küche und entwickelte einen eigenen Kochstil. Von 1990 an war er Küchenchef im »Greens«, einem von Gourmets hochgeschätzten Restaurant in Düsseldorf. Heute ist er Chefkoch bei dem Catering-Unternehmen Karl Broich in Düsseldorf und begeistert mit seinen hochklassigen Menüs Feinschmecker in ganz Europa. Christian Willrich hat eine Vorliebe für Gemüse und geht großzügig damit um. Nach seiner Überzeugung sollten wir Gemüse nicht als bloße Beilage sehen, sondern es vielmehr ins Zentrum eigenständiger Gerichte rücken, denn gerade dann entfaltet es eine besondere Wirkung. Oft sind es die ganz »gewöhnlichen« Gemüsesorten wie Lauch, Sellerie oder Rotkohl, aus denen Christian Willrich überraschende Köstlichkeiten zaubert. Er nutzt dabei die ganze Vielfalt an Farben, Formen und vor allem den Reichtum an Geschmack. Gerne verwendet er Gemüse der Region wie Steckrüben oder Petersilienwurzeln und bereitet aus ihnen beispielsweise feine Soufflés, Flans und Charlotten. Bei Entdeckungsreisen auf dem Lande erschließt er sich immer wieder neue Quellen für nahezu vergessene Gemüse wie Pastinaken, Topinambur und Kerbelknolle.

Christian Willrich betont, dass für das Gelingen von Gemüsegerichten gute Qualität und vor allem absolute Frische der Ware entscheidend ist. Die Gerichte schmecken einfach besser, wenn Sie ausgereiftes, aromatisches und festfleischiges Freilandgemüse wählen und nach Produkten Ausschau halten, die mit Sorgfalt angebaut werden, wie dies zum Beispiel im kontrolliert-ökologischen Landbau der Fall ist. Solches Gemüse ist nicht nur ernährungsphysiologisch hochwertig und besonders vitaminreich, sondern hat auch alle Geschmacks- und Duftstoffe voll entwickelt.

Bei der Vorbereitung in der Küche und beim Garen ist es nach Christian Willrichs Vorstellung wichtig, dem Gemüse Kontur zu geben: Es soll »bissfest« gegart werden und möglichst natürlich schmecken. Bedenken sollte man hierbei, dass Je nach Saison und Alter Gemüse wie etwa Möhren oder Wirsing unterschiedliche Kocheigenschaften haben und auch im Geschmack variieren. So empfiehlt Christian Willrich, das Gemüse während der Zubereitung häufiger zu probieren. Denn nur so gelingt es, den Zeitpunkt abzupassen, an dem Gemüse vom rohen in den gegarten Zustand übergeht und dennoch seine Festigkeit behält. Diese Methode spart Zeit durch die kurze Gardauer, schont die Nährstoffe und lässt den Geschmack des Gemüses besonders intensiv zur Geltung kommen.

Frische Kräuter und Gewürze dienen dazu, das Eigenaroma der Gemüse zu unterstreichen. Die charaktervollen Saucen, die unserem heutigen Bedürfnis nach gesundem Essen entsprechend leicht ausfallen, erlauben es, Gemüse mit so unterschiedlichen Aromen wie den leicht herben Mangold und die etwas südliche Petersilienwurzel in einem Gericht harmonisch zusammenzufügen.

Für dieses Buch hat Willrich neben vegetarischen Gerichten auch solche Kreationen zusammengestellt, bei denen reine Gemüsegerichte nach Belieben durch Fisch, Fleisch oder Geflügel erweitert werden können. Auf diese Weise werden die Übergänge gewissermaßen fließend gehalten. Dies bereichert den kulinarischen Spielraum und eröffnet neue Möglichkeiten für einen freieren Umgang mit den Produkten. Vor allem aber bringt es Freude beim Kochen und Genuss beim Essen.

Elisabeth Döpp

Mein Küchenwissen

Je sorgfältiger Sie Gemüse beim Kochen behandeln, desto ausgeprägter behält es seine Farbe und seine Struktur, desto frischer und aromatischer schmeckt es. Entscheidend ist auch der Einkauf für das gute Gelingen. Hier deshalb einige Hinweise für den erfolgreichen Umgang mit Gemüse.

Binden

Saucen und Suppen können Sie auf leichte und bekömmliche Art mit püriertem Gemüse binden. Sehr gut eignen sich dafür Kartoffeln und Wurzelgemüse. Soll die Sauce schön glatt sein, geben Sie sie nach dem Binden durch ein Sieb.

Blanchieren

Beim Blanchieren kommt es darauf an, den Zeitpunkt zu treffen, an dem das Gemüse richtig gegart ist. Er schwankt zwischen 1–5 Minuten und hängt von Sorte, Qualität und Form der Gemüse ab. Überwachen Sie das Blanchieren also und machen Sie zwischendurch eine Garprobe. Um die frische Farbe zu erhalten und den Garprozeß abzubrechen, sollten Sie das Gemüse zum Abschrecken in Eiswasser tauchen – vor allem, wenn Sie es nicht sofort weiterverarbeiten.

Brunoise

ist feingewürfeltes Wurzelgemüse, das in der klassischen Küche in Fett gedünstet wird, bevor man es weiterverwendet. Werterhaltend bereiten Sie die kleinen Gemüsewürfelchen als Suppeneinlage zu, wenn Sie sie roh einlegen und nur erwärmen. Auch als Füllung von Fisch und Geflügel schmecken sie roh eingefüllt – beim Kochen mehr gewärmt als gegart – sehr aromatisch.

Einkauf von Gemüse

Kulinarischer Genuß ist nur mit Gemüse von Spitzenqualität zu erreichen. Optimal ist ausgereiftes Freilandgemüse der Saison, das aus kontrolliert-ökologischem Anbau stammt und mit Sachverstand behandelt worden ist. Kaufen Sie möglichst direkt beim Bauern oder in einem gut geführten Gemüsegeschäft, wo Sie auch Besonderheiten bestellen können – seltene regionale Gemüse wie Teltower Rübchen und Pastinake oder europäische Spezialitäten wie runde Zucchini oder Mini-Mais. Nutzen Sie auch das Frischangebot der asiatischen Spezialgeschäfte für den Einkauf von aromatischen Shiitakepilzen, feinen Enokipilzen, Zitronengras oder den würzigen Noriblättern.

In feine Streifen geschnitten wirken Gemüse besonders zart. Diese

Methode ermöglicht eine schöne geschmackliche und farbliche Mischung verschiedener Gemüse.

Kräuter

Würzige Gemüsegerichte werden durch frische Kräuter besonders aromatisch, geeignet sind vor allem Kerbel, Rosmarin, Thymian, Petersilie, Schnittlauch, Ysop und Koriander. Sie lassen sich im Garten und auf dem Balkon sehr einfach ziehen, da sie recht anspruchslos sind.

Kräutersalz

Beim Kochen verwende ich gerne Kräutersalz, um den Gerichten eine volle Würze zu geben und dennoch sparsam mit Salz umzugehen. Mit Kräutersalz muß man dezent würzen, da es sonst geschmacklich dominiert. Häufig benutze ich deshalb neben Kräutersalz auch Meersalz. Wenn Sie fertiges Kräutersalz kaufen, achten Sie darauf, daß es keine Geschmacksverstärker enthält. Sie können übrigens, um ein individuelles Aroma zu erhalten, Kräutersalz auch selbst herstellen: Dafür

20 g Sellerieblätter, 30 g Rosmarin, 20 g Thymian, 50 g Gartenkresse, 50 g Lauch auf einem Blech auf Küchenkrepp bei Zimmertemperatur 1–2 Tage oder im Backofen bei 50° 2–3 Stunden trocknen. Dann in ein Tuch wickeln und fein reiben. Mit 150 g feinem Salz vermischen. Zum täglichen Gebrauch verwende ich grobes Meersalz aus der Salzmühle.

Kugeln ausstechen

Für ein festliches Gericht können Sie Gemüse – etwa Kartoffeln – zu Kugeln ausstechen; die Garzeit verkürzt sich.

Öle

Öle von guter Qualität haben ihren Preis. Doch die Investition lohnt sich, denn je besser das Öl, um so hervorragender die Ergebnisse. Besonders für mediterrane Gerichte bevorzuge ich ein fruchtiges kaltgepreßtes Olivenöl »extra vergine« aus bester Quelle. Kaufen Sie kaltgepreßtes Öl immer nur in kleinen Portionen, da es nur begrenzt haltbar ist – nach dem Öffnen 4–8 Wochen. Bewahren Sie es kühl und dunkel auf. Beim Kochen können Sie Gerichten ein volles Aroma geben, wenn Sie am Ende der Garzeit mit etwas Olivenöl abrunden. Zum Dün-

sten und zum leichten Bräunen – etwa von Fisch – verwende ich neben Butterschmalz gerne Traubenkernöl oder Sonnenblumenöl, die einen angenehm dezenten Geschmack haben. Nußkernöl verleiht der Füllung von Quiches ein feines Aroma. Probieren Sie auch aromatisierte Öle – etwa Rosmarinöle, Thymianöle, Öle mit Kräutern der Provence oder Knoblauchöle.

Rauten

Breit gewachsene Gemüse wie Zuckerschoten oder (roter) Mangold, aber auch Paprikaschoten eignen sich gut für Rauten.

Reduzieren

Bei Saucen wird die Flüssigkeit oft zunächst auf die Hälfte, dann nach Zugabe von Sahne oder Wein um ein Drittel eingekocht (reduziert). Der Geschmack wird dadurch intensiver. Durch das zweimalige Einkochen läßt sich die Zugabe der Würzzutaten besser dosieren und man benötigt nicht so große Mengen davon.

Tournieren

Gemüse wie Möhren, Zucchini, Kartoffeln oder Gurken lassen sich in schöne

gleichmäßige Formen schneiden. Mit einigen wenigen Schnitten bringt man sie in Oliven- oder Spindelform. Die Gemüseabschnitte können Sie für eine Gemüsebrühe verwenden.

Vinaigrette

Während in der klassischen Küche die Vinaigrette in der Regel aus Essig, Öl und Gewürzen besteht, bereite ich die Vinaigrette gerne unter Hinzugabe von Gemüsebrühe zu. Sie finden in diesem Buch hierfür mehrere Beispiele. Eine mit Gemüsebrühe zubereitete Sauce ist nicht nur leichter, sondern enthält auch zusätzliche Aromastoffe. Sie können eine Grund-Vinaigrette vorbereiten und 2–3 Tage im Kühlschrank aufbewahren. Frische Kräuter oder rohe Gemüsewürfelchen geben Sie dann je nach Rezept vor dem Servieren hinzu. Grundbestandteile einer solchen Vinaigrette sind: 1 Teil Sonnenblumenöl, 2 Teile Gemüsebrühe, 2 Teile Essig, Kräuter- oder Meersalz und Pfeffer. Je nach Rezept können Sie diese Grund-Vinaigrette mit verschiedenen aromatischen Ölen wie Nußöl, Olivenöl oder Trüffelöl verfeinern, ebenso können Sie verschiedene Essige hinzufügen, etwa Aceto balsamico, Cidreessig, Himbeeressig oder Sherryessig.

Kleine Gemüsegerichte und Vorspeisen

Ein leichter farbenfrischer Salat, kombiniert mit einer über-
raschenden Kleinigkeit wie zum Beispiel gebratenen Gambas,
ist eine ideale Vorspeise. Er weckt Erwartungen auf eine
unterhaltsame Zeit bei einem guten Essen. Und es bereitet viel
Vergnügen, für eine festliche Gelegenheit einen Flan, eine Quiche
oder ein Sorbet attraktiv zu gestalten. Viele der hier zusammen-
gestellten Gerichte können Sie als appetitanregenden ersten
Gang servieren, aber auch als leichte Mahlzeit oder Teil eines
Buffets anbieten.

SPARGEL MIT LEICHTER PAMPELMUSEN-MOUSSELINE

Das feine Pampelmusenaroma dieser leichten Mousseline – hier mit Dickmilch statt wie im klassischen Rezept mit Eiern zubereitet – harmoniert besonders gut mit dem zarten Geschmack des Spargels. Bei einem festlichen Menü können Sie Poulardenbrust in Haselnußkruste dazu servieren.

Für 4 Personen:	
700 g	weißer Spargel
	Salz
	Saft von
1/2	Zitrone

Für die Pampelmusen-Mousseline:	
3	rosa Pampelmusen (Grapefruits)
2	kleine Schalotten
100 ml	trockener Weißwein
60 g	kalte Butter
100 g	Dickmilch
4	frische Minzeblättchen
	frisch gemahlener weißer Pfeffer
1	Prise gemahlene Muskatblüte
	Kräuter- oder Meersalz

Zum Garnieren:	
	einige schöne Salatblätter wie Eichblattsalat, Lollo rosso, Frisée, Roquette (Rucola) oder Löwenzahn
	Minzeblättchen

Arbeitsaufwand:	
	etwa 30 Minuten

Garzeit:	
	etwa 15 Minuten

1. Den Spargel waschen, von den Enden befreien und vom Kopf zum Stangenende hin schälen. Den Spargel in 4–5 cm lange Stücke schneiden; dickere Stangen zusätzlich längs halbieren.

2. In einem Topf 2 l Salzwasser zum Kochen bringen und mit dem Zitronensaft mischen. Den Spargel darin in 6–8 Minuten bißfest kochen; dann abtropfen lassen und beiseite stellen.

3. Gleichzeitig für die Pampelmusen-Mousseline die Deckel und Böden der Früchte abschneiden. Die Schalen vom Fruchtfleisch schneiden. Die Fruchtfilets auslösen und den dabei anfallenden Saft in einer Schüssel auffangen. Den restlichen Saft aus den Trennhäutchen auspressen. Die Kerne entfernen.

4. Die Schalotten schälen und in Scheiben schneiden. Mit dem Weißwein aufkochen und die Flüssigkeit bei mittlerer Hitze in etwa 5 Minuten auf die Hälfte einkochen lassen (reduzieren). Den Pampelmusensaft hinzufügen.

5. Die Butter in Scheiben schneiden und mit einem Pürierstab etwa 1 Minute unterschlagen, bis die Sauce sämig geworden ist. Die Hälfte der Fruchtfilets und schließlich die Dickmilch mit dem Pürierstab untermixen, bis die Sauce eine schöne Konsistenz hat; nicht mehr kochen lassen.

6. Mit den Minzeblättchen, Pfeffer, der Muskatblüte und Kräuter- oder Meersalz mild abschmecken und nochmals mit dem Pürierstab aufschlagen.

7. Den Spargel warm auf einem Bett von Salatblättern anrichten. Obenauf einige Pampelmusenfilets und Minze arrangieren und die Sauce darübergeben.

MEIN TIP:

Wenn Sie zu diesem Gericht Poulardenbrüstchen servieren möchten, nehmen Sie 2 Brüstchen, wenden Sie sie in Weizenmehl und würzen mit Salz und Pfeffer. Ziehen Sie die Brüstchen durch aufgeschlagenes Eiweiß und wälzen Sie sie anschließend in feingemahlenen Haselnüssen. Dann in Butterschmalz in einer Pfanne von beiden Seiten braten. Zum Servieren in Scheiben schneiden und zum Spargel legen.

AVOCADOFLAN MIT GERÄUCHERTEM WILDLACHS

Diese farblich dekorative Vorspeise paßt hervorragend an den Anfang eines festlichen Menüs. Wenn Sie sie besonders reich gestalten wollen, können Sie neben den Flan einen kleinen gemischten Salat geben. Attraktiv wäre beispielsweise eine Mischung aus Löwenzahn-, Eichblatt- und Bataviasalat mit Kerbel, Petersilie, Schnittlauch und einer Sherryessig-Vinaigrette.

	Für 6 Personen:
6	Förmchen von etwa 8 cm Durchmesser und 5 cm Höhe, Pergamentpapier
1/2	rote Paprikaschote (etwa 70 g)
1/2	gelbe Paprikaschote (etwa 70 g)
1 Teel.	Butterschmalz
	Salz
	frisch gemahlener weißer Pfeffer
2 1/2	Blatt Gelatine
100 g	Dickmilch
2 Eßl.	Schnittlauch, feingeschnitten
1 Eßl.	Petersilie, feingeschnitten
1 Teel.	Dill, feingeschnitten
2	unbehandelte Limonen
1	reife mittelgroße Avocado
100 g	Sahne
	Kräuter- oder Meersalz
300 g	geräucherter Wildlachs

Zum Garnieren:

einige Kräuterblättchen

Arbeitsaufwand:

etwa 30 Minuten

Garzeit:

etwa 3 Minuten

Kühlzeit:

2–3 Stunden

1. Die Paprikaschoten roh mit einem Sparschäler abschälen, dann vierteln, entkernen und die weißen Rippen entfernen. Ein Drittel der Paprikaschoten beiseite legen, den Rest in sehr kleine Würfel (Brunoise) schneiden.

2. Das Butterschmalz in einer Pfanne erhitzen und die Paprikawürfelchen darin bei mittlerer Hitze unter Rühren 2–3 Minuten andünsten. Mit Salz und Pfeffer würzen, auf ein Sieb geben und abtropfen lassen.

3. Die Gelatine in wenig Wasser etwa 5 Minuten einweichen. Dann mit 1 Eßlöffel Wasser in einem kleinen Topf bei schwacher Hitze auflösen.

4. Die Dickmilch in eine Schüssel geben und die Gelatine unterrühren. Die Paprikawürfelchen und die Kräuter untermischen.

5. Die Limonen heiß abwaschen und abtrocknen. 6 dünne Scheiben abschneiden und beiseite stellen. Die restlichen Limonen auspressen und den Saft mit der Dickmilch verrühren.

6. Die Avocado halbieren und den Kern entfernen. Das Fruchtfleisch aus der Schale lösen und in kleine Würfel schneiden; dann unter die Dickmilch rühren.

7. Die Sahne steif schlagen und unter die Dickmilch heben. Mit Kräuter- oder Meersalz und Pfeffer würzig abschmecken.

8. Die Förmchen mit Wasser ausspülen und kurz in das Gefrierfach stellen. Für die Böden der Förmchen das Pergamentpapier und den Lachs passend zuschneiden. Den restlichen Lachs in sehr kleine Stückchen schneiden und unter die Creme mischen.

9. Die Förmchen aus dem Gefrierfach herausnehmen und nun zügig arbeiten: Die Förmchen erst mit Pergamentpapier, dann mit dem Lachs auslegen. Die Creme auf die Förmchen verteilen, so daß sie etwa zu drei Viertel gefüllt sind.

10. Den Flan für 2–3 Stunden in den Kühlschrank stellen, damit er durchziehen und fest werden kann.

11. Die restlichen Paprikaschoten in feine Streifchen (Julienne) schneiden. Den Flan auf ein Brett stürzen, das Papier entfernen und den Flan nach Wunsch halbieren. Auf jeden Teller einen Flan geben, mit den Paprikajulienne und den Limonenscheiben und Kräuterblättchen dekorieren.

MEIN TIP:

Der Flan kann komplett am Tag zuvor fertiggestellt werden. Beim Servieren können Sie zusätzlich eine Sauce servieren. Vermischen Sie dafür Crème fraîche mit Kräutern, aromatisieren sie mit Limonensaft und schmecken mit Salz und Pfeffer ab. Die kleine Sauce geben Sie dann mit auf die Teller. Außerdem schmecken Salatblätter gut dazu.

KEIMLINGSSALAT MIT PAPAYAS UND GAMBAS

Der angenehm melonenartige Geschmack von Papaya paßt ausgezeichnet zu Keimlingen, die Sie im Naturkostladen oder in großen Lebensmittelgeschäften fertig kaufen können. Es macht aber auch Spaß, sie selbst zu ziehen (siehe Tip).

2	Schalotten
2 Eßl.	Himbeeressig
	Salz
	frisch gemahlener schwarzer
	Pfeffer
1/2 Teel.	Ingwer, frisch gerieben
2 1/2 Eßl.	Traubenkernöl
1/8 l	Gemüsebrühe (Rezept Seite 40)
1 Eßl.	Schnittlauch, feingeschnitten
125 g	Keimlinge (siehe Tip)
1	Papaya
8	Gambas (Garnelen)
1 Eßl.	Olivenöl

	einige schöne Salatblätter wie
	Sauerampfer, Lollo rosso,
	Radicchio und Eichblattsalat
	einige Kerbelzweiglein

etwa 25 Minuten

etwa 5 Minuten

1. Die Schalotten schälen und in kleine Würfel schneiden. Den Essig mit Salz, Pfeffer und dem Ingwer verrühren. Das Traubenkernöl mit der Gemüsebrühe unterschlagen. Den Schnittlauch und die Schalotten untermischen.

2. Die Keimlinge waschen, abtropfen lassen und in die Vinaigrette geben.

3. Die Papaya halbieren und von den Kernen befreien. Mit einem Ausstecher je Person 3 Kugeln ausstechen und für die Garnierung beiseite stellen. Das restliche Fruchtfleisch in kleine Würfel schneiden und zu den Keimlingen in die Vinaigrette geben.

4. Die Gambas putzen, waschen und der Länge nach halbieren. Das Olivenöl in einer Pfanne erhitzen und die Gambas darin 3–4 Minuten bei mittlerer Hitze rundum bräunen. Mit Salz und Pfeffer würzen.

5. Den Salat auf Tellern in der Mitte bergartig anrichten und die Papayakugeln am Rand verteilen. Die Vinaigrette mit den Keimlingen in der Mitte auf die Salatblätter geben und die heißen Gambas am Rand verteilen. Mit einigen Kerbelzweiglein garnieren und servieren.

MEIN TIP:

Wenn Sie Keimlinge selber ziehen wollen, gehen Sie so vor: Je Person 1 Teelöffel Keimsaat (Alfalfa, Radieschen, Weizen, Kresse, Rettich und/oder Bockshornklee) in einem Einmachglas über Nacht von Wasser bedeckt quellen lassen. Dann die Samen auf ein Sieb geben und überbrausen. Feucht in das ausgespülte Einmachglas füllen und dieses – mit Gaze abgedeckt – kopfüber auf ein Gitter stellen. Die Keimlinge zwei-, dreimal am Tag kalt wässern und gründlich abspülen. Nach 3–4 Tagen sind die Keimlinge fertig. Sehr gut schmecken in diesem Keimlingssalat auch Azukibohnen; diese müssen Sie jedoch nach dem Keimen erst kurz blanchieren, da die Keimlinge wie die Bohnen selbst nicht roh gegessen werden dürfen.

ARTISCHOCKENQUICHE

Diese Quiche können Sie bei einem festlichen Essen vor einem leichten Hauptgericht servieren oder mit einem gemischten Salat als kleine Mahlzeit genießen.

Für 6-8 Personen	
1	Quicheform von etwa 26 cm
	Durchmesser
Für den Teig	
130 g	Dinkelmehl
1	Prise Salz
25 g	kalte Butter
50 g	kalter Joghurt
1/4 Teel.	Honig
Für die Form	
	etwas Butter
Für den Belag	
60 g	Haselnußkerne
	Salz
4	Artischocken
	Saft von
1 1/2	Zitronen
2	Schalotten
30 g	Butter
1 Teel.	Zitronenmelisse, feingeschnitten
1/2 Teel.	Lavendelblättchen oder
	Thymian, feingeschnitten
1/2	Knoblauchzehe
3	Eier
je 1/4 l	Milch und Sahne
1	Prise gemahlene Muskatblüte
	frisch gemahlener weißer Pfeffer
2	Frühlingszwiebeln
1 Eßl.	Grahambrösel
Vorbereitungszeit	
	etwa 40 Minuten
Garzeit	
	etwa 45 Minuten

Von Ende März bis zum Spätherbst werden Artischocken in guter Qualität auf dem Markt angeboten, meist kommen sie aus Italien oder aus Frankreich. Die deutsche Artischockensaison ist kürzer; in der Pfalz, an der Bergstraße und in Ostfriesland wird von August bis Oktober geerntet.
Eigentlich sehen Artischocken, die mit ihrem zarten, nussigen Geschmack allen Gerichten eine festliche Note verleihen, gar nicht so recht wie Gemüse aus. Sie erinnern eher an Wasserrosen.
Manche italienische Sorten sind angenehm zart und haben keine stacheligen Blattspitzen, so daß sie auch roh verwendet werden können. In Italien bereitet man sie sogar als Carpaccio zu. Die französischen Artischocken dagegen werden – abgesehen von den kleinen spitzen Sorten aus dem Süden des Landes – groß geerntet: Begehrt sind von ihnen vor allem die Böden. Doch werden Artischocken auch im Ganzen gekocht und mit einem Dip serviert, in den man beim Essen Blatt für Blatt hineintunkt. Besonders gern verarbeitet man Artischocken für Soufflés und Risotto, aber auch in Kombination mit anderen Gemüsen oder gefüllt.
Die hier vorgestellte Quiche bekommt ihren besonderen Geschmack durch die Verbindung von Artischocke und Haselnuß.

Variationsmöglichkeiten gibt es bei diesem Gericht viele. Sie können zusätzlich Broccoli- oder Tomatenwürfelchen untermischen, aber auch rohe Zanderstückchen passen ausgezeichnet. Ebenso exzellent sind zuvor kurz in der Pfanne angedünstete Kaninchen- oder Poulardenstückchen.
Als stimmige Beilage können Sie außer gemischtem Salat auch geschmolzene Tomaten zur Artischockenquiche reichen. Hierfür dünsten Sie enthäutete Tomatenwürfel kurz mit kleingeschnittenen Schalotten in Olivenöl, würzen mit Pfeffer und Salz und geben einige kleingehackte luftgetrocknete Tomaten hinzu. Diese Zutat, die Sie in italienischen Spezialgeschäften erhalten, gibt den geschmolzenen Tomaten ein besonders feines Aroma.

1. Für den Teig das Mehl mit dem Salz vermischen. Auf einer Arbeitsplatte rasch mit der in Stückchen geschnittenen Butter verarbeiten. Den Joghurt mit dem Honig unterarbeiten. 1 Eßlöffel Wasser untermischen und alles zu einem saftigen, weichen Teig verkneten.

2. Den Teig ausrollen und den Boden und den Rand der gebutterten Quicheform damit auskleiden. Den Teig in der Form mindestens 30 Minuten kühl stellen.

3. Inzwischen die Haselnüsse in einer Pfanne unter Rühren ohne Fett etwa 5 Minuten bei mittlerer Hitze rösten, bis sie zu duften beginnen. Dann in ein Tuch einrollen und reiben, um die braune Schale teilweise zu lösen. Die Nußkerne mit einem breiten Messer zerdrücken.

4. In einem Topf 1 l Salzwasser zum Kochen bringen. Von den Artischocken den Strunk abbrechen und die harten Fasern bei diesem Vorgang aus der Artischocke herausziehen.

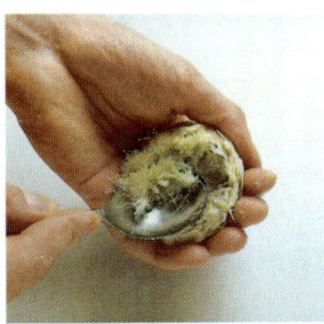

5. Die Blätter rundherum abschneiden und das »Heu« mit einem Löffel ausstechen.

6. Den Zitronensaft und die Artischocken in das kochende Wasser geben und die Artischockenböden 10–15 Minuten bei schwacher Hitze im geschlossenen Topf garen. Dann herausheben, abtropfen lassen und kleinschneiden.

7. Die Schalotten schälen und fein schneiden. Mit den Artischocken in der Butter bei mittlerer Hitze etwa 3 Minuten dünsten. Die Zitronenmelisse und den Lavendel untermischen. Den Knoblauch durch die Presse drücken und unterrühren. Die Mischung beiseite stellen.

8. Den Backofen auf 160° vorheizen. Die Eier, die Milch und die Sahne in einer Schüssel mit dem Schneebesen verrühren und mit Salz, Muskatblüte und Pfeffer kräftig abschmecken.

9. Die Frühlingszwiebeln putzen, waschen und in grobe Stücke schneiden. Den Teig mehrmals mit der Gabel einstechen, mit den Grahambröseln bestreuen und nacheinander mit einer Schicht Artischocken, Nüssen und Frühlingszwiebeln belegen. Mit der Eiermilch übergießen.

10. Die Quiche im Backofen (Mitte) in etwa 30 Minuten goldbraun backen; dann in Stücke schneiden und auf Teller verteilen.

Zucchini-Carpaccio mit Gemüse-Vinaigrette

Für Zucchini-Carpaccio eignen sich am besten junge kleine Früchte, die hauchdünn geschnitten werden müssen. Wenn Sie das Gericht schon einige Stunden zuvor zubereiten, denken Sie daran, es rechtzeitig vor dem Servieren aus dem Kühlschrank zu nehmen. Denn die marinierten Zucchini entfalten ihr volles Aroma erst bei Zimmertemperatur.

1	Tomate
50 g	Möhren
50 g	Knollensellerie
2	Schalotten
1	Stück Lauch (etwa 50 g)
1/4	rote Paprikaschote
1	Knoblauchzehe
2 Eßl.	Aceto balsamico
	Salz
	frisch gemahlener weißer Pfeffer
4 Eßl.	Olivenöl
1/8 l	Gemüsebrühe (Rezept Seite 40)
2 Teel.	Petersilie, feingeschnitten
2 Teel.	Basilikum, feingeschnitten
250 g	junge kleine Zucchini

Zum Garnieren:

einige schöne Salatblättchen
wie Frisée und Radicchio
Zucchiniblüten

Arbeitsaufwand:

etwa 30 Minuten

Marinierzeit:

1–2 Stunden

1. In einem Topf 1/2 l Wasser zum Kochen bringen und die Tomate etwa 1 Minute einlegen; dann herausheben, abschrecken und die Haut abziehen. Die Tomate vom Stielansatz und von den Kernen befreien und in kleine Würfel schneiden.

2. Die Möhren, den Sellerie, die Schalotten, den Lauch und das Paprikastück waschen, putzen oder schälen und in sehr kleine Würfel (Brunoise) schneiden.

3. Den Knoblauch schälen, durch die Presse drücken und mit dem Essig, Salz, Pfeffer, dem Öl, der Gemüsebrühe, den Kräutern und den Gemüsewürfeln vermischen.

4. Die Zucchini waschen und längs in hauchdünne Scheiben schneiden (am besten hobeln). Die Zucchini auf eine Platte legen und mit der Vinaigrette begießen. Bei Zimmertemperatur 1–2 Stunden marinieren.

5. Die Salatblätter durch die Vinaigrette der Zucchini ziehen und auf Tellern verteilen. Die Zucchinischeiben mit der Vinaigrette darauf legen und mit den Zucchiniblüten dekorieren.

Mein Tip:

Die Gemüse-Vinaigrette wird bei diesem Rezept nicht ganz verbraucht. Bewahren Sie den Rest gut verschlossen im Kühlschrank auf und verwenden Sie ihn für Salatsaucen.

TOPINAMBUR-KARTOFFEL-SALAT MIT POMMERYSENFSAUCE

Topinamburknollen sind von Oktober bis März frisch auf dem Markt. Das Schälen geht ganz leicht, wenn Sie die Früchte nach dem Kochen wie Pellkartoffeln abziehen. Sie schmecken ein wenig nach Artischocke und werden wohl auch deshalb Jerusalemer Artischocken genannt. Sie können Topinambur auf verschiedene Weise zubereiten – etwa à la crème oder mit Kräutern und Tomaten.

Für diesen Topinambur-Kartoffel-Salat bevorzuge ich als Würzzutat Pommerysenf (Moutarde de Meaux); er gibt dem Salat mit seinem angenehmen Geschmack ein feines Aroma.

	Für 6 Personen:	
350 g	Topinambur	
	Salz	
6	kleine festkochende Kartoffeln	
	(etwa 300 g)	
2 Teel.	Pommerysenf	
	Saft von	
1/2	Zitrone	
6 Eßl.	Sonnenblumenöl	
3 Eßl.	Dickmilch	
4 Eßl.	Gemüsebrühe (Rezept Seite 40)	
	frisch gemahlener weißer Pfeffer	
1	Prise gemahlener Kümmel	
1	Prise geriebene Muskatnuß	
	Zum Garnieren:	
	einige Zweige Kerbel und Petersilie sowie etwas Schnittlauch	
	Arbeitsaufwand:	
	etwa 30 Minuten	
	Garzeit:	
	etwa 20 Minuten	

1. Die Topinamburknollen waschen und von Salzwasser bedeckt in 5–10 Minuten bißfest garen; dann die Schalen abziehen.

2. Die Kartoffeln mit der Schale getrennt in Salzwasser in etwa 20 Minuten nicht zu weich kochen.

3. Inzwischen die Vinaigrette zubereiten: Dafür den Senf, den Zitronensaft, das Sonnenblumenöl und die Dickmilch mit der Gemüsebrühe, Pfeffer, Salz, dem Kümmel und dem Muskat mit einem Pürierstab aufschlagen.

4. Von den Kartoffeln die Schale abziehen. Die Kartoffeln etwas abkühlen lassen und in dünne Scheiben schneiden. Die Topinambur in ebensolch dünne Scheiben schneiden.

5. Die Kartoffel- und Topinamburscheiben abwechselnd spiralenförmig von innen nach außen laufend auf Tellern anrichten. Die Vinaigrette darüber verteilen.

6. Einige Zweige Kerbel und Petersilie mit Schnittlauch zu einem kleinen Kräuterbund zusammenbinden und diesen in die Mitte des Salates legen. Den Salat mit einigen Kerbelblättchen garnieren.

MEIN TIP:
Wenn etwas Dressing übrig bleibt, verwenden Sie es als Grundlage für eine Salatsauce.
Aus Topinambur und Kartoffeln können Sie auch schöne Gratins oder Suppen zubereiten.

LAUCH MIT ROTE-BETE-VINAIGRETTE

Der mild-würzige, zartgrüne Lauch und die kräftig gewürzte purpurfarbene Rote-Bete-Vinaigrette sind eine dekorative und edle Vorspeise. Wählen Sie junge und frisch aussehende Lauchstangen.

	Für 4 Personen:
	Salz
6	kleine Lauchstangen
1	kleine rote Bete
1	kleine Schalotte
1/8 l	Gemüsebrühe (Rezept Seite 40)
1 Eßl.	Cidreessig
1 Eßl.	Aceto balsamico
2 Teel.	Minze, feingeschnitten
	frisch gemahlener weißer Pfeffer
1 1/2 Eßl.	Walnußöl
	Zum Garnieren:
4 Teel.	Kürbiskerne
4	Zweiglein Petersilie
	Arbeitsaufwand:
	etwa 20 Minuten
	Garzeit:
	etwa 5 Minuten

1. In einem Topf 1 l Salzwasser zum Kochen bringen. Den Lauch gründlich waschen. Den festen, geschlossenen Teil der Lauchstangen in etwa 10 cm lange Stücke schneiden und etwa 5 Minuten blanchieren; dann in Eiswasser abschrecken und abtropfen lassen.

2. Für die Vinaigrette die rote Bete schälen und in winzig kleine Würfelchen (Brunoise) schneiden. Die Schalotte schälen und ebenso fein schneiden. Beides in die Gemüsebrühe geben. Den Essig hinzufügen. Salz, die Minze, Pfeffer und das Walnußöl unterrühren.

3. Den Lauch auf Teller verteilen und die Vinaigrette in der Mitte darübergeben. Mit den Kürbiskernen bestreuen und mit der Petersilie garnieren.

MEIN TIP:
Statt Petersilie schmecken als Garnitur auch junge Minzeblättchen.
Für einen festlichen Anlaß können Sie diese Vorspeise mit gedünsteten Scampi oder festfleischigem Fisch kombinieren.

GURKENSORBET MIT LÖWENZAHN UND SELLERIE

So schlicht die Zutaten, so groß der Überraschungseffekt beim Servieren dieser erfrischenden Vorspeise. Für die Zubereitung eignen sich junge Salatgurken am besten, da sie mit den Kernen verarbeitet werden können.

Für 6 Personen:

Für das Sorbet

2	kleine Salatgurken (etwa 400 g)
	Salz
3 Eßl.	Weinessig
2–3 Eßl.	Honig
1 Teel.	Dill, feingehackt

Für die Garnitur

1/2	kleiner Knollensellerie
	(etwa 125 g)
2 Eßl.	Crème fraîche
2 Teel.	Zitronensaft
	Salz
	frisch gemahlener weißer Pfeffer
	einige Tropfen Weinessig
18	Cherrytomaten
	einige Zweiglein Dill
	einige Löwenzahnblätter

Arbeitsaufwand:

etwa 30 Minuten

Für das Sorbet:

etwa 30 Minuten

Gefrierzeit:

3–4 Stunden

1. Ein Viertel der Gurken beiseite stellen. Die restlichen Gurken waschen, falls nötig, von den Kernen befreien, in kleine Würfel schneiden und mit etwas Salz bestreut etwa 30 Minuten ziehen lassen.

2. Den Essig mit dem Honig in einem Topf erhitzen, dann unter die Gurkenwürfel mischen. Alles im Mixer fein pürieren. Den Dill untermischen.

3. Die Gurkenmasse in eine Gratinform füllen und in das Tiefkühlfach schieben. Die gefrorene Randschicht etwa alle 30 Minuten mit einem Teigschaber abkratzen und unterrühren. Diesen Vorgang so lange wiederholen, bis die Masse flockig gefroren ist. Das dauert 3–4 Stunden. (Mit einer Eismaschine verkürzt sich die Gefrierzeit. Je nach Gerät braucht das Sorbet 15–30 Minuten.)

4. Kurz vor Ende der Gefrierzeit den Knollensellerie schälen und in feine Streifen schneiden. Die Crème fraîche mit dem Zitronensaft vermischen und mit Salz und Pfeffer abschmecken. Die Selleriestifte hineingeben.

5. Das zurückbehaltene Gurkenstück in 18 hübsch geformte (tournierte) Stücke schneiden. Die Stücke salzen und mit dem Essig beträufeln.

6. Für jede Portion etwas Sellerie abtropfen lassen und an den Tellerrand in größeren Abständen 3 Häufchen plazieren. Obenauf jeweils 1 gewaschene Tomate setzen und nach Wunsch seitlich 1–2 Dillzweiglein anstecken. Zwischen die Selleriehügelchen einige Löwenzahnspitzen legen. Die Reste der Selleriesauce in die Mitte geben und darauf 1 Kugel Sorbet setzen. Sofort servieren.

GEMÜSESALAT YOLANDE MIT MINZ-VINAIGRETTE

Dieser erfrischende Gemüsesalat ist für ein kleines Menü, aber auch fürs Buffet geeignet.

Für 6 Personen:	
6	kleine Rote-Bete-Knollen
	(etwa 300 g)
6	kleine festkochende Kartoffeln
	(etwa 300 g)
1 Eßl.	Minze, feingeschnitten
1 Eßl.	Aceto balsamico
2 Eßl.	Cidreessig
4 Eßl.	Sonnenblumenöl
2 Eßl.	Gemüsebrühe (Rezept Seite 40)
	Salz
	frisch gemahlener weißer Pfeffer
1	kräftige Prise Senfpulver
1/2 Teel.	Ingwer, frisch gerieben
100 g	Möhren
100 g	Knollensellerie
Zum Garnieren:	
	einige Roquetteblättchen
	(Rucola) oder Feldsalat
	einige Schnittlauchhalme
Arbeitsaufwand:	
	etwa 30 Minuten
Garzeit:	
	etwa 45 Minuten

1. Die roten Beten waschen und in einen Topf geben. Mit Wasser bedeckt in etwa 45 Minuten zugedeckt bei mittlerer Hitze bißfest kochen. Die Kartoffeln waschen und mit der Schale in einem anderen Topf etwa 15 Minuten von Wasser bedeckt ebenfalls bißfest kochen.

2. Inzwischen für die Minz-Vinaigrette die Minze, den Essig, das Sonnenblumenöl und die Gemüsebrühe mit Salz, Pfeffer, dem Senfpulver und dem Ingwer verquirlen.

3. Die Möhren und den Sellerie schälen und in etwa 5 cm lange, dünne Stifte schneiden. Die Stifte in die Sauce geben, nochmals abschmecken und alles zugedeckt bei Zimmertemperatur ziehen lassen.

4. Die gegarten roten Beten und die Kartoffeln schälen und in dünne Scheiben schneiden.

5. Die roten Beten- und die Kartoffelscheiben in der Mitte der Teller einander abwechselnd in Kreisform anrichten; die Scheiben sollen einander dabei stark überlappen. Den Roquette- oder Feldsalat waschen, trockentupfen und in die Mitte setzen. Die Möhren- und die Selleriestifte locker obenauf verteilen und den Salat mit der überschüssigen Sauce beträufeln. Mit Schnittlauchhalmen dekorieren.

Peperonata mit Auberginen und Pinienkernen

Sein kräftiges Aroma und seine prächtigen Farben verdankt dieses sommerliche Gericht den roten und den gelben Paprikaschoten. Die Peperonata kann heiß, lauwarm oder kalt serviert werden.

	Für 6 Personen:
2	kleine Auberginen
	(je etwa 200 g)
1	Knoblauchzehe
2 Eßl.	Olivenöl
1 Teel.	Rosmarin, feingehackt
1 Teel.	Thymian, feingehackt
	Salz
	frisch gemahlener schwarzer
	Pfeffer
1/8 l	Gemüsebrühe (Rezept Seite 40)
250 g	vollreife Cherrytomaten
200 g	rote Paprikaschoten
200 g	gelbe Paprikaschoten
6	Frühlingszwiebeln
1 Teel.	Aceto balsamico
	Zum Garnieren:
1 Eßl.	Pinienkerne
	einige Kerbelzweiglein
	Arbeitsaufwand:
	etwa 30 Minuten
	Garzeit:
	etwa 25 Minuten

1. Die Auberginen waschen, vom Stielansatz befreien und in runde, etwa 1/2 cm dicke Scheiben schneiden. 16 kleinere Scheiben ganz lassen, den Rest in 1–2 cm große Würfel schneiden. Die Knoblauchzehe schälen.

2. Die Auberginenscheiben und -würfel getrennt garen. Dafür jeweils 1/2 Eßlöffel Olivenöl in einer Pfanne erhitzen. Die Knoblauchzehe auf eine Gabel spießen und durch das Öl fahren, um es zu aromatisieren. Die Auberginenscheiben beziehungsweise -würfel bei mittlerer Hitze kurz in dem Öl wenden. Mit jeweils 1/2 Teelöffel Rosmarin und Thymian sowie mit Salz und Pfeffer würzen. Mit jeweils 6 Eßlöffeln Gemüsebrühe ablöschen und die Flüssigkeit wieder verdampfen lassen. Die Auberginen dann in etwa 4 Minuten leicht bräunen und beiseite stellen.

3. In einem Topf 1/2 l Wasser zum Kochen bringen. Die Cherrytomaten etwa 1/2 Minute einlegen, herausheben, abschrecken und die Haut abziehen.

4. Die Paprikaschoten waschen, der Länge nach halbieren, die Scheidewände und die Kerne entfernen. Die Paprikaschoten in etwa 2 cm große Rauten schneiden. Die Frühlingszwiebeln waschen. Das Grün etwa 5 cm oberhalb des Ansatzes abschneiden. Die Zwiebeln längs achteln.

5. In einer Pfanne 1 Eßlöffel Olivenöl erhitzen und die Zwiebeln mit den Paprikaschoten darin bei mittlerer Hitze etwa 5 Minuten dünsten. Die Auberginenwürfel und die Cherrytomaten hinzufügen und alles noch etwa 10 Minuten dünsten. Die Paprikaschoten sollen dabei bißfest bleiben. Mit Salz und dem Aceto balsamico abschmecken.

6. Die Pinienkerne in einer trockenen Pfanne unter Rühren bei mittlerer Hitze rösten, bis sie zu duften beginnen.

7. Jeweils 4 Auberginenscheiben im Halbrund auf Tellern anrichten, dicht daran die Peperonata plazieren und die Pinienkerne darüber streuen. Mit Kerbelzweiglein garnieren. Sie können die Peperonata aber auch in einer Form servieren.

CRUDITÉ

Crudité, ein Frischkostteller mit würzigen Salaten aus rohem Gemüse, ist eine köstliche appetitanregende Vorspeise, die Sie sich täglich gönnen sollten. Vollreifes, frisches Gemüse ist vitaminreich und trägt als Rohkost vor allem dann zu Wohlbefinden und Leistungsfähigkeit bei, wenn es zu Beginn des Menüs gegessen wird.

Für 6 Personen:

Für den Rotkohlsalat:

125 g	Rotkohl
80 g	rote Johannisbeeren
1 Eßl.	Akazienhonig
4 Eßl.	Sherryessig
3 Eßl.	Gemüsebrühe (Rezept Seite 40)
1 Eßl.	Walnußöl
	Salz
	frisch gemahlener weißer Pfeffer

Für den Rote-Bete-Salat:

2 Eßl.	Cidreessig
	Salz
3 Eßl.	Walnußöl
2 Eßl.	Gemüsebrühe (Rezept Seite 40)
125 g	rote Beten

Für den Selleriesalat:

1 Eßl.	Cidreessig
1 Eßl.	Dickmilch
1 Eßl.	Crème fraîche
	frisch gemahlener weißer Pfeffer
1 Eßl.	Haselnußöl
1 Teel.	Schnittlauch, feingeschnitten
150 g	Knollensellerie
100 g	Äpfel (zum Beispiel Cox Orange)

Für den Möhrensalat:

2 Eßl.	Sherryessig
	Salz
	frisch gemahlener weißer Pfeffer
1 Eßl.	Kürbiskernöl
2 Eßl.	Sonnenblumenöl
2 Eßl.	Gemüsebrühe (Rezept Seite 40)
2 Teel.	Kerbelblättchen
1 Teel.	Estragon, feingeschnitten
125 g	Möhren
180 g	Kürbis

Zum Garnieren:

	einige Salatblätter wie Eichblattsalat, Frisée und Lollo rosso
1	Avocado
1 Teel.	Zitronensaft
1 Eßl.	Kürbiskerne, gehackt
1 Eßl.	Walnußkerne, gehackt

Arbeitsaufwand:

etwa 40 Minuten

Marinierzeit:

30–60 Minuten

1. Den Rotkohl waschen, vom Strunk befreien und grob raspeln. Die Johannisbeeren waschen und von den Stielen streifen.

2. Den Honig in einem Topf bei schwacher Hitze leicht karamelisieren lassen und die Johannisbeeren darin etwa 1 Minute schwenken. Mit dem Essig ablöschen, mit der Gemüsebrühe aufgießen und das Öl hinzufügen. Den Rotkohl mit der heißen Sauce begießen, mit Salz und Pfeffer abschmekken und bei Raumtemperatur zugedeckt 30–60 Minuten ziehen lassen.

3. Für den Rote-Bete-Salat den Essig mit Salz, dem Öl und der Gemüsebrühe zu einer Vinaigrette verrühren.

4. Die roten Beten waschen, schälen, grob raspeln und sofort mit der Vinaigrette vermischen. Den Salat ebenfalls 30–60 Minuten marinieren lassen.

5. Für den Sellerie-Apfel-Salat den Essig, die Dickmilch und die Crème fraîche mit Pfeffer, dem Öl und dem Schnittlauch vermischen.

6. Den Sellerie und den Apfel waschen, falls nötig, schälen und grob raspeln. Beides sofort mit der Sauce vermischen.

7. Für den Möhren-Kürbis-Salat den Essig mit Salz, Pfeffer, dem Öl, der Gemüsebrühe und den Kräutern verrühren.

8. Die Möhren schälen. Den Kürbis schälen und von den Fasern und Kernen befreien. Die Möhren und den Kürbis grob raspeln und mit der Marinade vermischen.

9. Zum Anrichten die Salatblätter waschen, trockentupfen und auf den Tellern verteilen. Die Avocado halbieren, vom Kern befreien und das Fruchtfleisch in kleinen Kugeln ausstechen. Mit dem Zitronensaft beträufeln und auf den Tellern anrichten. Den Rotkohlsalat und den Rote-Bete-Salat einander gegenüber anrichten, mit dem Möhren-Kürbis-Salat und dem Sellerie-Apfel-Salat ebenso verfahren. Den Möhren-Kürbis-Salat mit den Kürbiskernen, den Rote-Bete-Salat mit den Walnußkernen bestreuen.

MEIN TIP:

Rohes Gemüse sollte möglichst gleich mit der Sauce gemischt werden, damit Vitamine und Geschmack optimal erhalten bleiben.

SALAT VON GRÜNEN BOHNEN MIT GEMÜSEJULIENNE UND ZACKENBARSCH

Wählen Sie für diese Vorspeise feine grüne Bohnen, die klein und schmal sind und so zart, daß man sie nicht zu entfädeln braucht. Je nach Anlaß können Sie den Salat mit Trüffelspänen garnieren und statt Zackenbarsch Zander oder Heilbutt verwenden.

Für 6 Personen:	
1 Teel.	frisches Zitronengras, fein-geschnitten
5 EßI.	Gemüsebrühe (Rezept Seite 40)
1 EßI.	Aceto balsamico
2 EßI.	trockener Sherry
	Salz
	frisch gemahlener schwarzer Pfeffer
4 Teel.	Olivenöl
2 Teel.	Sonnenblumenöl
250 g	junge feine, grüne Bohnen
100 g	Möhren
100 g	Zucchini
1 EßI.	Kerbel, feingeschnitten
1 Teel.	Ysop, feingeschnitten
800 g	Zackenbarschfilet
1/2 Teel.	Zitronelle (getrocknetes Zitronen-gras, ersatzweise frisches Zitronengras)
1 EßI.	Butterschmalz
Zum Garnieren:	
	einige Kerbelzweiglein
Arbeitsaufwand:	
	etwa 20 Minuten
Garzeit:	
	etwa 10 Minuten

1. Für die Vinaigrette das Zitronengras mit der Gemüsebrühe in einem Topf erwärmen und vom Herd nehmen. Dann mit dem Essig, dem Sherry, Salz, Pfeffer und dem Öl verrühren.

2. In einem großen Topf 2 l Salzwasser zum Kochen bringen. Die Bohnen waschen und etwa 5 Minuten im kochenden Wasser blanchieren; dann in Eiswasser abschrecken, auf ein Tuch legen und abtupfen. Die Bohnen in eine Gratinform geben.

3. Die Möhren schälen, die Zucchini waschen. Beides mit einem Messer in streichholzdicke, 5 cm lange Streifen (Julienne) schneiden.

4. Die Möhren- und Zucchinijulienne auf die Bohnen geben und beides mit den Kräutern bestreuen. Das Ganze mit der Vinaigrette begießen.

5. Den Fisch in kleinere Portionsstücke schneiden (pro Person 3 Stück) und mit der Zitronelle, Salz und Pfeffer würzen.

6. Das Butterschmalz in einer Pfanne erhitzen und die Fischstücke darin bei mittlerer Hitze pro Seite 2–3 Minuten bräunen.

7. Die Bohnen mit der Gemüsejulienne in die Mitte der Teller legen. Pro Portion 3 Fischstücke vom Rand her an die Bohnen lehnen und mit Kerbelzweiglein garnieren.

MEIN TIP:

Wenn Sie einmal etwas Besonderes ausprobieren möchten, können Sie die Bohnen auch mit Passepierre statt mit Gemüsejulienne kombinieren. Passepierre sind saftige, leicht salzig schmeckende französische Algen, die Sie beim Fischhändler von Mai bis zum Herbst auf Bestellung erhalten. Legen Sie die zarten Spitzen der Algen auf die Bohnen, bevor Sie die Vinaigrette auf den Salat geben.
Das in diesem Rezept verwendete Zitronengras erhalten Sie ebenso wie Zitronelle in asiatischen Spezialgeschäften. Zitronengras können Sie für Saucen, zum Füllen und zum Umhüllen von Fisch verwenden.

Suppen und Gemüsetöpfe

Klare Suppen und cremige Kreationen, wie Sie sie hier am Beginn des Kapitels finden, haben eine anregende und belebende Wirkung und passen in jedes festliche Menü. Gehaltvollere Suppen und Gemüsetöpfe sind, kombiniert mit Salat, Käse und Früchten, exzellente kleine Mahlzeiten. Besonders angenehm dabei: Sie machen meist wenig Arbeit und lassen sich bis auf wenige Schritte im Voraus zubereiten. So können Sie sie sogar für ein Buffet einplanen.

LINSENSUPPE MIT BRENNESSELN UND SAUERAMPFER

Die französischen Dupuy-Linsen haben ein feines Aroma und gute Kocheigenschaften. Während des Garens wechseln die dunkelgrünen Linsen die Farbe und werden braun.

Für 6 Personen:	
200 g	Dupuy-Linsen (ersatzweise andere kleine Linsen)
3	Schalotten
1	Knoblauchzehe
100 g	zarte Brennesselblätter
70 g	Lauch (nur das Weiße)
100 g	festkochende Kartoffeln
100 g	Möhren
2 Eßl.	Olivenöl
1	Lorbeerblatt
3/4 l	Gemüsebrühe (Rezept Seite 40)
	frisch gemahlener schwarzer Pfeffer
	Salz
1	Tomate
50 g	Pinienkerne
1	Bund Sauerampfer
1 Eßl.	Aceto balsamico
Quellzeit:	
6–12 Stunden	
Arbeitsaufwand:	
etwa 30 Minuten	
Garzeit:	
etwa 20 Minuten	

1. Die Linsen mit 1/2 l Wasser bedecken und 6–12 Stunden einweichen.

2. Dann die Schalotten und die Knoblauchzehe schälen und fein schneiden. Die Brennessel verlesen und waschen. Den Lauch putzen und fein schneiden. Die Kartoffeln und die Möhren schälen und in kleine Würfel schneiden.

3. Das Olivenöl in einem Topf erhitzen und die Schalotten mit der Knoblauchzehe, den Brennesseln, dem Lauch, den Kartoffeln und den Möhren darin bei mittlerer Hitze 2–3 Minuten andünsten.

4. Die Linsen durchsieben und das Einweichwasser aufheben. Die Linsen zum Gemüse geben und kurz andünsten. Das Lorbeerblatt hinzufügen und das Gemüse mit der Gemüsebrühe und dem Einweichwasser aufgießen. Mit Pfeffer und Salz würzen und die Suppe etwa 15 Minuten bei schwacher Hitze zugedeckt kochen lassen.

5. Inzwischen 1/4 l Wasser zum Kochen bringen und die Tomate etwa 1 Minute einlegen; dann herausnehmen, abschrecken, häuten und würfeln.

6. Die Pinienkerne in einer Pfanne ohne Fett unter Rühren bei mittlerer Hitze rösten, bis sie zu duften beginnen.

7. Den Sauerampfer verlesen, waschen und eine Handvoll beiseite legen. Die Tomatenwürfel und den übrigen Sauerampfer unter die Suppe mischen und mit dem Aceto balsamico leicht säuerlich abschmecken.

8. Die Suppe auf Teller verteilen und mit dem restlichen Sauerampfer und den Pinienkernen bestreuen.

MEIN TIP:

Als Beilage können Sie herzhafte Croûtons servieren.
Geben Sie dafür sehr dünne Scheiben von Baguette bei 100° für etwa 10 Minuten in den Backofen.
Die Linsen brauchen Sie nicht unbedingt einweichen, doch dann verlängert sich die Garzeit.
Statt Brennesseln – die Sie übrigens immer an verkehrsarmen Standorten pflücken sollten – können Sie Spinat oder Mangold nehmen.

Gemüsebrühe mit Gnocchi

Sie können die Gemüsebrühe als klare Suppe verwenden und mit kleingeschnittenem Gemüse oder Klößchen servieren. Dieses Rezept mit Gnocchi reicht für 6 Personen.

Für etwa 2 l Brühe:

Für die Gemüsebrühe:

200 g	Möhren
100 g	Knollensellerie
1	Stange Lauch (nur das Weiße)
1	Petersilienwurzel samt Grün
	(ersatzweise Petersilienwurzel
	und etwa 10 Petersilienstiele)
1	Teltower Rübchen
1	vollreife Tomate
1	Zwiebel
2	getrocknete Tongu-Pilze
1	Knoblauchzehe
1	Zweig Rosmarin
1	kleiner Zweig Thymian
1	Lorbeerblatt
2	Gewürznelken
1/2 Teel.	frisch gestoßener Pfeffer
1/2 Teel.	Majoran, feingeschnitten
	Salz
	Kerbelblättchen

Für die Gnocchi:

250 g	mehligkochende Kartoffeln
40 g	Dinkelmehl
1/2 Teel.	geriebener Parmesan
1	Prise geriebene Muskatnuß
	Salz

Arbeitsaufwand:

etwa 40 Minuten

Garzeit:

etwa 1 1/4 Stunden

Bei der Herstellung von Gemüsebrühe lohnt es sich immer, gleich eine größere Menge zuzubereiten. Sie ist nämlich nicht nur Grundlage für Suppen und Saucen, sondern eignet sich auch hervorragend zum Aufgießen und Ablöschen der verschiedensten Gerichte. So empfiehlt es sich, beim Kochen immer etwas Brühe zur Hand zu haben. Wenn Sie sie beim Andünsten mitverwenden, können Sie die zum Garen benötigte Fettmenge reduzieren. Bei der Zusammenstellung spezieller Manager-Menüs verzichte ich meist ganz auf Fett und arbeite ausschließlich mit Gemüsebrühe. Und auch eine Vinaigrette wird durch Zugabe von Gemüsebrühe nicht nur leichter, sondern gewinnt zusätzlich an Geschmack.

Für vegetarische Sülzen, die mit Agar-Agar, seltener auch mit Gelatine hergestellt werden, können Sie Gemüsebrühe ebenfalls verwenden.

Was die Garzeit einer Gemüsebrühe anbelangt, so finden Sie in Kochbüchern die unterschiedlichsten Angaben. Häufig wird stundenlanges Kochen empfohlen, meines Erachtens jedoch reichen 45 Minuten vollkommen aus, um eine wohlschmeckende Gemüsebrühe zuzubereiten.

Ob Sie Salz zugeben oder nicht, bleibt Ihrem persönlichen Geschmack überlassen. Ich bevorzuge eine schwach gesalzene Brühe. Würzen sollten Sie jedoch immer milde, denn die Brühe dient nicht nur zum Ablöschen oder Aufgießen, sondern wird bei vielen Gerichten auch eingekocht. Bei einer kräftig abgeschmeckten Brühe führt dies rasch zu einer Überwürzung.

Die Auswahl der Gemüsezutaten ist nicht zwingend. Sie können nach Geschmack und natürlich dem Angebot der Saison variieren. Ein volles Aroma erhält die Brühe besonders durch Wurzelgemüse. Noch herzhafter im Geschmack wird eine reine Wurzelbrühe, wenn Sie das Gemüse vor dem Aufgießen andünsten. Die deutsche Gemüsebrühe aromatisiert man gern mit 1 Zweig Liebstöckel, das auch Maggikraut heißt. Sie sollten es nicht länger als 5 Minuten mitgaren, da es einen sehr intensiven Geschmack hat. Eine besonders schöne Färbung bekommt die Brühe – wie im folgenden Rezept – durch 1 angeröstete Zwiebel und 1 Tomate. Auch die braune Zwiebelschale gibt der Brühe Farbe, wenn Sie sie mitkochen.

Gelegentlich, wenn die Brühen nicht klar zu sein brauchen, werden auch Kartoffeln beigegeben. In der asiatischen Küche werden oft Pilze mitgegart, was den Brühen einen feinen Wohlgeschmack verleiht. Um Sie zu weiteren Kreationen anzuregen, gebe ich Ihnen hier Beispiele aus der asiatischen Küche.

Chinesische Gemüsebrühe

Verwenden Sie dasselbe Frischgemüse wie im Rezept angegeben und fügen Sie 250 g Pilze hinzu. Würzen Sie am Ende der Kochzeit mit chinesischer Sojasauce.

Japanische Gemüsebrühe

Verwenden Sie dasselbe Frischgemüse wie im Rezept angegeben. Sie können über Nacht eingeweichte Sojabohnen hinzufügen; dann erhöht sich die Garzeit jedoch auf 2–3 Stunden. Würzen Sie zum Schluß mit Miso, Salz, Pfeffer und Tamarisauce (japanische Sojasauce).

1. Die Möhren, den Sellerie, den Lauch, die Petersilienwurzel, das Teltower Rübchen und die Tomate waschen, putzen oder schälen und in 1–2 cm kleine Stücke schneiden.

6. Für die Gnocchi die Kartoffeln waschen und in der Schale von Wasser bedeckt in 15–20 Minuten nicht zu weich kochen. Schälen und durch die Kartoffelpresse drücken. In einer Schüssel mit dem Mehl, dem Käse und den Gewürzen vermengen.

2. Die Zwiebel quer in Scheiben schneiden und trocken in einer Pfanne von beiden Seiten bei mittlerer Hitze braun anrösten, um der Brühe eine schöne Farbe zu geben.

7. Den Teig in kleinere Portionen teilen und auf einer bemehlten Arbeitsfläche mit bemehlten Händen zu etwa 2 cm dicken Rollen formen.

3. Die kleingeschnittenen Gemüse in 3 l kaltem Wasser aufsetzen. Die Pilze, den geschälten Knoblauch, die Kräuterzweige, das Lorbeerblatt, die Nelken, den Pfeffer und den Majoran hinzufügen.

8. Von den Rollen etwa 3 cm lange Stückchen abschneiden und mit der Gabel ein Muster eindrücken.

4. Die Brühe einmal aufkochen lassen und abschäumen. Die Brühe dann bei mittlerer Hitze bei halb geschlossenem Deckel etwa 45 Minuten schwach kochen lassen.

9. Die Gnocchi nacheinander in 1/2 l kochende Gemüsebrühe gleiten lassen.

5. Die Gemüsebrühe durch ein Sieb gießen und mit Salz abschmecken. Zur Aufbewahrung bis zu 3 Tagen im Kühlschrank lagern. Zur längeren Aufbewahrung einfrieren beziehungsweise in sterilisierte kleinere Twist-Off-Gläser füllen.

10. Sobald die Gnocchi an die Oberfläche steigen, sind sie fertig. Die Gnocchi mit dem Schaumlöffel aus der Brühe heben und auf die Teller verteilen. Mit 3/4 l frischer heißer Gemüsebrühe begießen und mit Kerbelblättchen garnieren.

KLEINE MARMITE

Dieser kleine Suppentopf wird in der französischen Küche je nach Region recht unterschiedlich zubereitet. Hier eine Variante, in der ich das Gemüse stärker hervorgehoben und die Fleischportionen unseren heutigen Bedürfnissen entsprechend reduziert habe.

Für 4 Personen:	
600 g	Beinscheibe vom Rind
	(Angus-Rind)
2 1/2 l	Gemüsebrühe (Rezept Seite 40)
1	Zweig Thymian
1	kleiner Zweig Rosmarin
3	Lorbeerblätter
2	Gewürznelken
1/2 Teel.	gestoßener schwarzer Pfeffer
1	Knoblauchzehe
2	Zwiebeln
	Salz
300 g	Möhren
100 g	kirschgroße Teltower Rübchen
100 g	Lauch
80 g	Knollensellerie
100 g	Wirsing
100 g	japanische Enokipilze oder
	kleine Egerlinge
100 g	Blumenkohlröschen
1 Teel.	Meerrettich, frisch gerieben

Zum Garnieren:
etwas Petersilie

Arbeitsaufwand:
etwa 40 Minuten

Garzeit:
1 – 1 1/2 Stunden

1. Das Fleisch mit der kalten Gemüsebrühe in einen Topf geben und erhitzen. Den Thymian- und den Rosmarinzweig mit den Lorbeerblättern, den Nelken und dem Pfeffer hinzugeben. Die Knoblauchzehe schälen und hineingeben.

2. Die ungeschälten Zwiebeln dritteln, in einer Pfanne bei mittlerer Hitze trocken braun rösten und in die Suppe geben. Die Marmite salzen und bei schwacher Hitze im geschlossenen Topf 1 – 1 1/2 Stunden garen.

3. Dann die Möhren schälen und in etwa 4 cm lange schön geformte Stücke schneiden (tournieren). Die Teltower Rübchen putzen und in etwa 1 cm breite Scheiben schneiden. Den Lauch putzen und in 1 cm große Stücke schneiden. Den Sellerie schälen und in etwa 2 cm große Würfel schneiden. Den Wirsing waschen, vom Strunk befreien und in Streifen schneiden. Die Pilze putzen und ganz lassen oder halbieren.

4. Wenn das Fleisch weich ist, die Brühe durch ein Sieb gießen und wieder in den Topf geben.

5. Die vorbereiteten Gemüse mit den Blumenkohlröschen in die Suppe einlegen und darin 3–5 Minuten bißfest garen. Die Suppe zum Schluß mit Salz und dem Meerrettich abschmecken.

6. Das Fleisch vom Knochen lösen und in kleine Würfel schneiden, dann zurück in die Suppe legen. Die Marmite auf Teller verteilen und mit Petersilienblättchen bestreuen.

MEIN TIP:

Im Elsaß serviert man die kleine Marmite traditionell mit einer Crudité, eine Kombination, die von Ernährungswissenschaftlern sehr begrüßt wird. Vor allem dann, wenn Sie die Crudité als ersten Gang servieren und die Marmite folgen lassen. Reichen Sie zu diesem angenehmen Essen Baguette und als Getränk einen Pinot noir oder einen Mâcon.

Sie können die Marmite auch als Gemüsesuppe auftragen und das Fleisch für eine andere Mahlzeit reservieren – etwa für einen Kartoffel-Rindfleisch-Salat.

ARTISCHOCKENCREMESUPPE

Durch Minze erhält diese Suppe eine frische Würze. Die auf dem Markt angebotenen Minzeblätter sind sehr unterschiedlich in der Intensität. Von den größeren weichen Blättern können Sie mehr verwenden als von den kleineren mit starkem Aroma.

Für 4 Personen:
4 Artischocken
Saft von
1 Zitrone
1 kleine mehligkochende Kartoffel
1 Frühlingszwiebel
1 Eßl. Butterschmalz
1/2 l Gemüsebrühe (Rezept Seite 40)
1 Lorbeerblatt
50 g Mandeln
70 g Möhren
1 Prise geriebene Muskatnuß
Salz
frisch gemahlener weißer Pfeffer
1. Eßl. Crème fraîche
1 Eßl. Olivenöl
1 1/2 Teel. Minze, feingeschnitten
Arbeitsaufwand:
etwa 30 Minuten
Garzeit:
etwa 30 Minuten

1. Die Blätter von den Artischocken rundum abschneiden und das Heu entfernen (siehe auch Seite 18). Die Artischocken in einen Behälter mit Wasser und Zitronensaft legen. 1 Artischocke ganz lassen, die übrigen in kleine Stücke schneiden.

2. Die Kartoffel schälen und kleinschneiden. Die Frühlingszwiebel putzen, waschen und fein schneiden. Das Butterschmalz in einem Topf erhitzen. Die kleingeschnittenen Artischockenböden, die Kartoffel und die Frühlingszwiebel darin bei mittlerer Hitze unter Rühren etwa 5 Minuten andünsten.

3. Mit der Gemüsebrühe aufgießen. Das Lorbeerblatt und den unzerkleinerten Artischockenboden hinzufügen und alles aufkochen lassen. Die Suppe zugedeckt bei mittlerer Hitze etwa 15 Minuten kochen lassen.

4. Inzwischen 1/8 l Wasser zum Kochen bringen und die Mandeln 1 Minute hineinlegen; dann herausnehmen, abschrecken und aus der dünnen braunen Schale lösen. Die Mandeln halbieren und in einer Pfanne ohne Fett bei mittlerer Hitze rösten, bis sie zu duften beginnen. Dann beiseite stellen. Die Möhren schälen und in kleine Würfelchen (Brunoise) schneiden.

5. Die Suppe mit dem Muskat, Salz und Pfeffer würzen. Das Lorbeerblatt entfernen und die ganze Artischocke herausheben.

6. Die Suppe mit dem Pürierstab fein pürieren. Die Crème fraîche und das Olivenöl unterschlagen. Die Suppe – falls nötig – durch ein Sieb geben, um eine schöne glatte Konsistenz zu erhalten. Die Suppe nochmals abschmekken und die Möhren roh hinzugeben. Die Minze einrühren.

7. Die Suppe auf Teller verteilen. Die zurückbehaltene Artischocke in kleine Ecken schneiden und in die Suppe geben.

ERBSENSUPPE MIT KARTOFFEL-SAUERAMPFER-DUCHESSE

Ihren Wohlgeschmack verdankt diese Suppe der Kombination von frischen Erbsen und Sauerampfer. Die feinen Duchesse sind die festliche Dekoration.

Für 6 Personen:	
Für die Duchesse:	
300 g	mehligkochende Kartoffeln
1/4 l	Gemüsebrühe (Rezept Seite 40)
2	Bund Sauerampfer
30 g	frisch geriebener Parmesan
2	Eigelb
	frisch gemahlener weißer Pfeffer
	Salz
	Butter für das Blech
Für die Suppe:	
1	Zwiebel
1 Eßl.	Butter
500 g	frische enthülste Erbsen
	(mit Hülsen etwa 800 g)
3/4 l	Gemüsebrühe (Rezept Seite 40)
100 g	mehligkochende Kartoffeln
180 g	Sahne
1	Bund Sauerampfer
1	Prise geriebene Muskatnuß
	frisch gemahlener weißer Pfeffer
	Salz
Arbeitsaufwand:	
	etwa 50 Minuten
Garzeit:	
	etwa 30 Minuten

1. Für die Duchesse die Kartoffeln schälen, würfeln und mit der Gemüsebrühe zum Kochen bringen. Etwa 20 Minuten zugedeckt bei mittlerer Hitze kochen lassen, bis sie weich sind.

2. Für die Suppe die Zwiebel fein schneiden. Die Butter in einem Topf heiß werden lassen und die Zwiebel mit den Erbsen darin 2–3 Minuten bei schwacher Hitze dünsten. Mit der Gemüsebrühe aufgießen. Die Kartoffeln in kleine Würfel schneiden und etwa 15 Minuten in der Suppe garen.

3. Inzwischen die Duchesse fertigstellen: Dafür die Kartoffeln auf ein Sieb geben und abtropfen lassen; dann durch eine Kartoffelpresse drücken. Den Sauerampfer verlesen, von den Stielen befreien und kleinschneiden. Beides mit dem Käse und den Eigelben in einer Schüssel verrühren. Mit Pfeffer und Salz würzen.

4. Die Masse in einen Spritzbeutel füllen. Etwa talergroße Häufchen auf das Blech spritzen. Diese unter den Grill schieben, bis sie goldgelb geworden sind; das dauert 5–10 Minuten.

5. Aus der Suppe mit einer Schöpfkelle etwa 1/2 Tasse voll Erbsen herausnehmen und beiseite stellen. Die Sahne in die Suppe rühren.

6. Den Sauerampfer verlesen und die Stiele entfernen. Etwa 10 Blätter beiseite legen. Die restlichen Blätter grob schneiden und in die Suppe geben. Mit dem Pürierstab unterarbeiten. Die Erbsen wieder untermischen. Die beiseite gestellten Sauerampferblätter in feine Streifen (Julienne) schneiden.

7. Die Duchesse aus dem Backofen nehmen und auf Teller verteilen. Mit der Suppe umgießen und mit der Sauerampfer-Julienne bestreuen.

MEIN TIP:

Wenn Sie keinen Grill haben, können Sie die Duchesse bei 200° für 8–10 Minuten in den Backofen geben, bis sie gebräunt sind.

Japanische Gemüsesuppe mit Nori

Wenn Sie diese aromatische Suppe nicht rein vegetarisch servieren möchten, paßt als Einlage gut etwas Fisch wie zum Beispiel Seeteufel. Geben Sie ihn, in feine Scheiben geschnitten, roh in die Teller, bevor Sie die heiße Suppe einfüllen.

Für 6 Personen:	
50 g	Möhren
50 g	Knollensellerie
50 g	Lauch (nur das Weiße)
100 g	Shiitakepilze
70 g	Zuckerschoten (Kaiserschoten)
3/4 l	Gemüsebrühe (Rezept Seite 40)
1 Teel.	dunkles Miso
	frisch gemahlener weißer Pfeffer
	Salz
1 Teel.	Ingwer, frisch gerieben
1 Teel.	Tamarisauce (japanische Sojasauce)
2	Nori-Blätter (Seetang)

Arbeitsaufwand:
etwa 15 Minuten

Garzeit:
etwa 5 Minuten

1. Die Möhren und den Sellerie schälen und in kleine Würfel schneiden. Den Lauch putzen und in feine Scheiben schneiden. Die Pilze mit einem feuchten Tuch abwischen und in feine Scheiben schneiden. Die Zuckerschoten waschen, putzen und in kleine Rauten schneiden.

2. Die Gemüsebrühe in einen Topf füllen und erhitzen. Mit dem Miso verrühren und mit Salz und Pfeffer abschmecken. Die Möhren, den Sellerie, den Lauch, die Shiitakepilze und die Zuckerschoten hineingeben und den Ingwer unterrühren. Die Suppe etwa 2 Minuten kochen lassen und mit der Tamarisauce abschmecken.

3. Die Nori-Blätter mit einer Schere in kleine Rauten schneiden und auf die Teller verteilen. Die Suppe darüber gießen.

Mein Tip:

Mit 1 Eßlöffel geriebenem japanischen Wasabi-Meerrettich können Sie der Suppe eine zusätzliche Schärfe verleihen.
Außerdem gibt es eine besonders dekorative Garnierungsmöglichkeit. Manchmal werden in japanischen Spezialgeschäften Chrysanthemenspitzen angeboten, mit denen sich auch kleine gemischte Salate schön garnieren lassen. Geben Sie je Teller 5–6 Spitzen davon auf die Suppe. Ebenfalls im japanischen Spezialgeschäft erhalten Sie die Sojabohnenpaste Miso. Es gibt viele – in Farbe und Geschmack unterschiedliche – Sorten. Probieren Sie aus, was Ihnen zusagt; ich bevorzuge dunkle Sorten mit kräftigem Geschmack.

KICHERERBSENSUPPE MIT MINZE

Aus Kichererbsen, die in den Mittelmeerländern sehr geschätzt werden, lassen sich herrlich schmeckende Cremesuppen von angenehmer Konsistenz herstellen.

Für 6 Personen:	
300 g	getrocknete Kichererbsen
1	Zwiebel
1	Knoblauchzehe
80 g	Lauch (nur das Weiße)
2	Eßl. Olivenöl
2	Salbeiblätter
1	Lorbeerblatt
1	Gewürznelke
11/2 l	Gemüsebrühe (Rezept Seite 40)
80 g	Möhren
1/2 Teel.	Zitronenthymianblättchen
150 g	Sahne
100 g	Dickmilch
	frisch gemahlener weißer Pfeffer
	Salz
1 Eßl.	Minze, feingeschnitten
	Saft von
1/2	Zitrone
Zum Garnieren:	
	einige Minzeblättchen
Quellzeit:	
	6–12 Stunden
Arbeitsaufwand:	
	etwa 20 Minuten
Garzeit:	
	etwa 45 Minuten

1. Die Kichererbsen mit 11/2 l Wasser übergießen und 6–12 Stunden einweichen.

2. Dann die Zwiebel und die Knoblauchzehe schälen und fein schneiden. Den Lauch putzen, waschen und in feine Streifen schneiden. Die Kichererbsen abtropfen lassen, das Einweichwasser aufheben.

3. In einem Topf 1 Eßlöffel Olivenöl erhitzen und die Zwiebel mit dem Knoblauch und den Kichererbsen darin etwa 8 Minuten bei mittlerer Hitze unter Rühren andünsten. Die Salbeiblätter, das Lorbeerblatt und die Nelke hinzufügen.

4. Mit der Gemüsebrühe und dem Einweichwasser aufgießen. Die Möhren schälen, in kleine Würfel schneiden und mit dem Zitronenthymian in die Suppe geben. Alles zugedeckt etwa 30 Minuten bei schwacher bis mittlerer Hitze kochen lassen.

5. Das Lorbeerblatt aus der Suppe nehmen. 1 Suppenkelle voll Kichererbsen beiseite stellen. Die restliche Suppe mit dem Pürierstab pürieren und die Sahne unterschlagen. Die Suppe etwa 5 Minuten schwach kochen lassen, dann die Dickmilch mit dem Pürierstab unterarbeiten. Die Suppe mit Pfeffer und Salz abschmecken, dann die Minze, 1 Eßlöffel Olivenöl und den Zitronensaft unterrühren.

6. Die Suppe auf Teller verteilen, die beiseite gestellten Kichererbsen hineingeben und mit einigen Minzeblättchen garnieren.

MEIN TIP:

Sie können zu dieser interessanten Suppe Croûtons servieren. Aus Kichererbsen lassen sich auch Pürees herstellen, die ausgezeichnet als Beilage zu Geflügel oder Lamm passen.

GEMÜSESUPPE PISTOU

Ihr Aroma erhält diese herzhafte provenzalische Spezialität durch die Pistou, eine Paste aus Basilikum, Knoblauch, Käse und Olivenöl. Sie wirkt frisch und belebend, wenn die Garzeiten für die Gemüsewürfel kurz gehalten werden.

Für 6 Personen:

Für die Suppe:

150 g	getrocknete weiße Bohnen
100 g	Mangoldblätter
150 g	Lauch
100 g	Möhren
50 g	Teltower Rübchen
150 g	Kartoffeln
1 Eßl.	Olivenöl
1 Eßl.	Tomatenmark
2	Salbeiblätter
1	kleiner Rosmarinzweig
2	Lorbeerblätter
1 l	Gemüsebrühe (Rezept Seite 40)
	frisch gemahlener schwarzer Pfeffer
	Salz
80 g	Makkaroni
300 g	reife Fleischtomaten

Für die Pistou:

3 Eßl.	Basilikum, fein geschnitten
6 Eßl.	frisch geriebener Parmesan
3	große Knoblauchzehen
3 Eßl.	Olivenöl

Quellzeit:
6–12 Stunden

Arbeitsaufwand:
etwa 45 Minuten

Garzeit:
etwa 40 Minuten

1. Die weißen Bohnen mit 1/2 l Wasser übergießen und 6–12 Stunden einweichen.

2. Dann die Mangoldblätter und den Lauch waschen oder putzen und in feine Streifchen schneiden. Die Möhren, die Teltower Rübchen und die Kartoffeln schälen und in kleine Würfel schneiden.

3. Die weißen Bohnen abtropfen lassen und das Einweichwasser aufheben. Das Olivenöl in einem Topf erhitzen. Den Lauch darin andünsten und mit dem Tomatenmark verrühren. Die weißen Bohnen unter den Lauch mischen und die Salbeiblätter, den Rosmarinzweig und die Lorbeerblätter hinzufügen. Das Ganze etwa 5 Minuten bei mittlerer Hitze dünsten.

4. Mit der Gemüsebrühe und dem Einweichwasser auffüllen und mit Pfeffer und Salz abschmecken. Die Suppe nach dem Aufkochen 20–30 Minuten bedeckt bei schwacher Hitze leicht kochen lassen, bis die Bohnen bißfest sind.

5. Inzwischen 1/2 l Salzwasser zum Kochen bringen. Die Makkaroni zerbrechen, indem Sie sie in ein Tuch gewickelt hart über die Tischkante ziehen. Die Makkaroni in etwa 8 Minuten im Salzwasser bißfest (al dente) garen. Dann abtropfen lassen.

6. 1 l Wasser zum Kochen bringen und die Tomaten darin etwa 1 Minute einlegen. Herausnehmen, abschrecken und die Haut abziehen. Die Tomaten würfeln und beiseite stellen.

7. Für die Pistou den Knoblauch schälen und fein schneiden. Den Knoblauch mit dem Basilikum in einem Mörser zerstoßen. Nach und nach den Käse und das Olivenöl unterarbeiten, bis eine püreeartige Paste entstanden ist. Das dauert etwa 10 Minuten.

8. Die Gemüsewürfel bis auf die Tomaten in die Suppe geben und etwa 5 Minuten garen. Die Nudeln hinzufügen und heiß werden lassen. Die Pistou mit etwas Brühe vermischen und in die Suppe einrühren. Die Tomatenwürfel einlegen.

9. Die Suppe auf Teller verteilen und heiß servieren.

MEIN TIP:

Wollen Sie diese Gemüsesuppe einmal ohne Pistou zubereiten, geben Sie zusammen mit dem Salbei 2–3 Basilikumblätter und 1 Knoblauchzehe in die Suppe und fügen Sie mit den Nudeln 1 Eßlöffel gehackte Petersilie zu. Sie erhalten dann eine herzhafte Suppe in mediterranem Stil.

LAUCHSUPPE MIT KLEINEN RAVIOLI

Die Ravioli für diese erfrischende Lauchsuppe können Sie im voraus zubereiten
und mit einem Tuch bedeckt bis zu
3 Tagen im Kühlschrank aufbewahren.
Tiefgefroren halten sie etwa 1 Monat.

Für 6 Personen:

Für die Ravioli:

150 g	Dinkelmehl
1	Ei
1	Eigelb
2 Eßl.	Olivenöl
1	kräftige Prise gemahlene
	Muskatblüte
	frisch gemahlener weißer Pfeffer
	Salz
100 g	Champignons
1 Teel.	Butterschmalz
2 Eßl.	Petersilie, frisch gehackt
150 g	Ziegenfrischkäse

Für die Lauchsuppe:

150 g	Lauch
50 g	Möhren
50 g	Muskatkürbis
3/4 l	Gemüsebrühe (Rezept Seite 40)
1	Prise gemahlene Muskatblüte
	frisch gemahlener weißer Pfeffer
	Salz

Arbeitsaufwand:

etwa 1 1/2 Stunden

Garzeit:

etwa 6 Minuten

1. Das Dinkelmehl auf eine Arbeitsfläche geben und in die Mitte eine
Mulde eindrücken. Dort hinein das Ei,
das Eigelb, das Olivenöl und etwa
2 Eßlöffel Wasser geben. Mit 1 Prise
Muskatblüte, Pfeffer und Salz würzen.
Das Mehl vom Rand aus mit den Zutaten vermengen, bis ein geschmeidiger
Teig entsteht. Ist der Teig zu krümelig,
noch etwas Öl hinzufügen, ist er zu
feucht, etwas Mehl hinzugeben. Den
Teig etwa 10 Minuten durchkneten, bis
er glatt und elastisch ist. Den Teig etwa
30 Minuten bei Zimmertemperatur
ruhen lassen.

2. Inzwischen die Champignons putzen und fein hacken. Das Butterschmalz in einer Pfanne erhitzen und
die Champignons darin bei mittlerer
Hitze 2–3 Minuten andünsten, bis sie
ausgedämpft sind. Die Petersilie untermischen.

3. Den Ziegenkäse in eine Schüssel
geben und mit den Champignons vermischen. Mit 1 Prise Muskatblüte, Pfeffer und Salz würzen.

4. Den Teig auf einer bemehlten Arbeitsfläche dünn ausrollen. Kleine Häufchen im Abstand von etwa 4 cm auf
einer Teighälfte verteilen. Den Teig rund
um die Häufchen mit Wasser befeuch-
ten. Die zweite Teighälfte darüber
klappen und um die Häufchen herum
andrücken. Die Ravioli mit einem Ausstecher oder einem Teigrädchen ab-
trennen.

5. Den Lauch putzen und in kleine
Streifen schneiden. Die Möhren und
den Kürbis schälen und in sehr kleine
Würfelchen (Brunoise) schneiden.

6. 1 l Salzwasser zum Kochen bringen
und die Ravioli darin 2–3 Minuten
garen.

7. Gleichzeitig die Gemüsebrühe erhitzen und mit der Muskatblüte, Pfeffer
und Salz abschmecken.

8. Das kleingeschnittene rohe Gemüse
auf die Teller geben, die Ravioli mit der
Schaumkelle aus dem Salzwasser
heben und auf die Teller verteilen. Die
heiße Gemüsebrühe darüber gießen.

WINTERGEMÜSE MIT PETERSILIENWURZELN UND PASTINAKEN

Durch die Petersilienwurzeln und die Pastinaken erhält dieser aromatische Eintopf einen mild-würzigen Geschmack. Der Petersilie verwandt zeichnet sich die Pastinake durch eine angenehme Süße aus. Während sie in den angelsächsischen Ländern schon lange geschätzt wird, beginnt man hierzulande erst neuerdings, dieses köstliche Wintergemüse zu entdecken.

Für 4 Personen:	
2	Schalotten
100 g	Kartoffeln
70 g	Möhren
200 g	Petersilienwurzeln
5 Teel.	Butterschmalz
1	Knoblauchzehe
1 Teel.	Ingwer, frisch gerieben
1/2 Teel.	Curry
1	Prise gemahlene Muskatblüte
3/4 l	Gemüsebrühe (Rezept Seite 40)
100 g	Pastinaken
70 g	Lauch
	frisch gemahlener schwarzer Pfeffer
	Salz
100 g	Egerlinge
	Kräuter- oder Meersalz
60 g	Cashewnüsse
100 g	Joghurt
Zum Garnieren:	
	Petersilienblättchen
Arbeitsaufwand:	
	etwa 20 Minuten
Garzeit:	
	etwa 25 Minuten

1. Die Schalotten, die Kartoffeln, die Möhren und die Petersilienwurzeln putzen oder schälen und in kleine Würfel schneiden.

2. 3 Teelöffel Butterschmalz in einer Pfanne erhitzen und die Gemüsewürfel darin bei mittlerer Hitze unter Rühren etwa 5 Minuten andünsten. Die Knoblauchzehe schälen, durch die Presse drücken und mit dem Ingwer, dem Curry und der Muskatblüte zum Gemüse geben. Mit der Gemüsebrühe aufgießen und alles etwa 10 Minuten zugedeckt bei mittlerer Hitze kochen lassen.

3. Inzwischen die Pastinaken und den Lauch putzen, kleinschneiden und in die Suppe geben. Mit Pfeffer und Salz abschmecken und den Gemüsetopf weitere 10 Minuten offen schwach kochen lassen.

4. Die Egerlinge putzen, mit einem feuchten Tuch abwischen und der Länge nach sechsteln. 2 Teelöffel Butterschmalz in einer Pfanne erhitzen und die Pilze darin 2–3 Minuten andünsten. Mit Kräuter- oder Meersalz würzen.

5. Die Cashewnüsse ohne Fett bei mittlerer Hitze in einer Pfanne rösten, bis sie zu duften beginnen.

6. Den Joghurt unter das Wintergemüse rühren. In Portionen auf die Teller verteilen und mit den Nüssen bestreuen. Mit Petersilienblättchen garnieren.

MEIN TIP:
Eine andere Geschmacksrichtung geben Sie diesem Gemüsetopf, wenn Sie auf Joghurt und Nüsse verzichten und statt dessen mit Kresse und Petersilie garnieren.

GEMÜSE-BOUILLABAISSE

Diese Suppe können Sie rein vegetarisch servieren. Die Franzosen nennen sie dann »Bouillabaisse borgne«, was soviel bedeutet wie zweifelhafte Suppe, da sie anders als erwartet keinen Fisch enthält. Als Einlage schmecken pochierte Wachteleier oder – wie in diesem Rezept – gedünstete Gambas.

Für 6 Personen:	
1 l	Gemüsebrühe (Rezept Seite 40)
600 g	kleine Kartoffeln
6	Romanesco- oder Blumenkohl-röschen
100 g	Möhren
80 g	Kohlrabi
100 g	Mangoldstiele
150 g	Chinakohl
1/2	Fenchelknolle mit Grün
50 g	grüne Paprikaschote
2	Schalotten
100 g	Lauch
2	Frühlingszwiebeln
2 Eßl.	Olivenöl
1 Teel.	Safranpulver
1/2 Teel.	Ingwer, frisch gerieben
1	Prise gemahlener Anis
1/4 Teel.	grob gestoßener schwarzer Pfeffer
1	Knoblauchzehe
1	Lorbeerblatt
1/2 Teel.	Rosmarin, feingeschnitten
1/2 Teel.	Thymianblättchen
	Salz
150 g	Cherrytomaten
80 g	Champignons
200 g	Zucchini
12	Gambas (Garnelen)

Zum Garnieren:
einige Blättchen Zitronenmelisse

Arbeitsaufwand:
etwa 40 Minuten

Garzeit:
etwa 25 Minuten

1. 1/8 l Gemüsebrühe zum Kochen bringen. Die Kartoffeln schälen und in schöne Form bringen (tournieren). Die Kartoffeln etwa 15 Minuten bei mittlerer Hitze zugedeckt in der Brühe garen.

2. Die Romanesco- oder Blumenkohlröschen waschen. Die Möhren und die Kohlrabi schälen und in etwa 1 cm dicke und etwa 5 cm lange Stifte schneiden. Die Mangoldstiele waschen und in etwa 3 cm lange Stücke schneiden. Den Chinakohl waschen und in etwa 3 cm breite Streifen schneiden. Die Fenchelknolle putzen und in 4 oder 5 längliche Stücke schneiden. Das Paprikastück waschen und in etwa 2 cm breite Würfel schneiden. Die Schalotten, den Lauch und die Frühlingszwiebeln samt Grün putzen und kleinschneiden.

3. 1 Eßlöffel Olivenöl in einem Topf erhitzen. Die Romanesco- oder Blumenkohlröschen, die Möhren, den Kohlrabi, die Paprikawürfel, die Schalotten, den Lauch und die Frühlingszwiebeln mit dem Safran, dem Ingwer, dem Anis und dem Pfeffer etwa 5 Minuten bei mittlerer Hitze darin andünsten. Den Knoblauch schälen, durch die Presse drücken und hinzufügen. Das Lorbeerblatt, den Rosmarin und den Thymian unterrühren. Mit der restlichen Brühe aufgießen und aufkochen lassen.

4. Gleichzeitig 1/2 l Salzwasser aufkochen lassen. Den Mangold darin 2 Minuten blanchieren. Die Cherrytomaten etwa 1/2 Minute zum Mangold legen; dann herausnehmen, abschrecken und die Haut abziehen. Die Champignons putzen und kleinschneiden. Die Zucchini in etwa 5 cm lange Stücke schneiden, diese sechsteln. Den Mangold abtropfen lassen und zusammen mit den Cherrytomaten, den Champignons und den Kartoffeln in die Suppe geben. Mit Salz abschmecken und die Suppe beiseite stellen.

5. Die Gambas schälen, vom Darm befreien und waschen.

6. 1 Eßlöffel Olivenöl in einer Pfanne erhitzen und die Gambas darin bei mittlerer Hitze 3–4 Minuten leicht bräunen. Mit Pfeffer und Salz leicht würzen.

7. Die Gemüse-Bouillabaisse in tiefe Teller verteilen, die Gambas obenauf legen. Mit Zitronenmelisse garnieren.

Cassoulet von schwarzen Bohnen mit Entenbrust

Bei dem vielfältigen Angebot an getrockneten Bohnen sollten Sie einen Cassoulet nicht immer mit weißen, sondern auch einmal mit schwarzen Bohnen zubereiten. Die Garzeiten in diesem Rezept sind kürzer, als Sie es vielleicht gewohnt sind. Probieren Sie es aus! Bohnen schmecken eigentlich um so besser, je weniger lang sie gekocht werden. Jüngere sind schneller bißfest als ältere.

Für 6 Personen:	
300 g	getrocknete schwarze Bohnen
3	Flaschentomaten (Eiertomaten)
600 g	kleine Kartoffeln
3/8 l	Gemüsebrühe (Rezept Seite 40)
1	Zweig Rosmarin
4 Teel.	Olivenöl
1 Eßl.	Butterschmalz
2	ausgelöste Entenbrüste
	(je etwa 250 g)
	Kräuter- oder Meersalz
150 g	Petersilienwurzeln
200 g	Möhren
4	Frühlingszwiebeln
60 g	Zuckerschoten (Kaiserschoten)
1	Knoblauchzehe
1 Teel.	Rosmarin, feingeschnitten
1/2 Teel.	Tamarisauce (japanische
	Sojasauce)
1/4 Teel.	Ingwer, frisch gerieben

Quellzeit:

einige Stunden oder über Nacht

Arbeitsaufwand:

etwa 15 Minuten

Garzeit:

etwa 40 Minuten

1. Die schwarzen Bohnen mit Wasser bedeckt einige Stunden oder über Nacht einweichen.

2. Dann die Bohnen im Einweichwasser aufkochen und bei mittlerer Hitze zugedeckt in 15–20 Minuten bißfest kochen; dann abgießen.

3. In einem Topf 1/2 l Wasser zum Kochen bringen und die Tomaten etwa 1 Minute hineinlegen. Herausnehmen, abschrecken, quer halbieren und die Kerne herausdrücken. Die Tomaten in kleine Würfel schneiden.

4. Die Kartoffeln schälen, waschen und in eine gleichmäßig schöne Form bringen (tournieren). Die Kartoffeln mit 1/8 l Gemüsebrühe, dem Rosmarinzweig und 1 Teelöffel Olivenöl in einen Topf geben und zugedeckt bei mittlerer Hitze in etwa 15 Minuten bißfest garen. Die Kartoffeln dabei etwas schütteln: Die Flüssigkeit soll verdampfen und die Kartoffeln leicht bräunen.

5. Das Butterschmalz in einer Pfanne erhitzen und die Entenbrüste darin von beiden Seiten bei mittlerer Hitze unter mehrmaligem Wenden insgesamt etwa 15 Minuten rosé braten; dabei mit Kräuter- oder Meersalz würzen.

6. Gleichzeitig 1/2 l Salzwasser zum Kochen bringen. Die Petersilienwurzeln und die Möhren schälen und in kleine Stifte schneiden. Die Frühlingszwiebeln kleinschneiden. Die Zuckerschoten in Rauten schneiden und im kochenden Wasser etwa 2 Minuten blanchieren, dann abschrecken und abtropfen lassen.

7. In einem Topf 3 Teelöffel Olivenöl erhitzen. Die Möhren mit den Petersilienwurzeln darin andünsten. Den Knoblauch schälen, durch die Presse drücken und mit dem Rosmarin hinzugeben. Das Gemüse mit 1/4 l Gemüsebrühe ablöschen und mit Kräuter- oder Meersalz würzen. Die Bohnen, die Frühlingszwiebeln, die Tomaten und die Zuckerschoten hinzufügen. Mit der Tamarisauce und dem Ingwer würzen.

8. Den Cassoulet zum Servieren in die Mitte von Tellern geben. Die Entenbrüste in feine Scheiben schneiden und am Rand fächerförmig dazulegen.

Mein Tip:

Wenn Sie einmal das Einweichen vergessen haben, kochen Sie die Bohnen von Wasser bedeckt etwa 2 Minuten und lassen sie anschließend abseits vom Herd 1 Stunde quellen. Dann wie im Rezept weiter verarbeiten.

RATATOUILLE

Auberginen, Paprikaschoten, Tomaten, Zwiebeln und häufig auch Zucchini sind die typischen Zutaten für dieses provenzalische Gemüseragout. Besonders aromatisch schmeckt es, wenn Sie die Gemüse nur bißfest garen.

Für 4 Personen:	
1	Gemüsezwiebel (etwa 200 g)
1	rote Paprikaschote
1	grüne Paprikaschote
220 g	Zucchini
1	kleine Aubergine (etwa 200 g)
2	große Fleischtomaten
2 Eßl.	Olivenöl
1/2 Teel.	grob gestoßener Pfeffer
1/2 Teel.	Tomatenmark
1 Teel.	Rosmarin, feingeschnitten
1 Teel.	Thymianblättchen
1/2 Teel.	Bohnenkraut, feingeschnitten
2	Lorbeerblätter
2	Gewürznelken
1/4 l	Gemüsebrühe (Rezept Seite 40)
2	Knoblauchzehen
1	Prise rosenscharfes Paprika-pulver
	Salz

Arbeitsaufwand:
etwa 30 Minuten

Garzeit:
etwa 10 Minuten

1. Die Zwiebeln schälen und in etwa 1 cm große Stücke schneiden. Die Paprikaschote, die Zucchini, die Aubergine und die Fleischtomaten waschen, putzen und in etwa 3 cm große Würfel schneiden.

2. Das Olivenöl in einem großen Topf erhitzen. Die Paprikaschoten mit der Zwiebel und dem Pfeffer darin bei mittlerer Hitze 2–3 Minuten andünsten. Das Tomatenmark unterrühren, die Kräuter, die Lorbeerblätter und die Nelken dazugeben. Mit der Gemüsebrühe ablöschen und alles etwa 1 Minute kochen lassen.

3. Die Zucchini und die Aubergine hinzugeben. Die Knoblauchzehen schälen, durch die Presse drücken und ebenfalls hinzufügen. Dann die Tomaten in den Topf geben und die Ratatouille mit dem Paprikapulver und Salz abschmecken. Das Ragout 2–3 Minuten zugedeckt bei mittlerer Hitze garen. In tiefen Tellern auftragen oder in der Pfanne servieren.

MEIN TIP:

Die Ratatouille ist vielseitig verwendbar. Sie können Sie gut im voraus zubereiten, denn sie gehört zu jenen Gerichten, die durch Aufwärmen an Aroma gewinnen. Garen Sie sie dann zunächst nur etwa 6 Minuten. Vor dem Servieren einmal aufkochen und noch einmal abschmecken. Als Hauptgericht schmeckt die Ratatouille – vegetarisch gereicht – mit Naturreis oder Kartoffeln. Aber auch Lammkoteletts oder sautiertes Geflügel passen ausgezeichnet dazu. Als Vorspeise servieren Sie die Ratatouille am besten lauwarm oder kalt und runden sie geschmacklich mit etwas Safran ab.

Gemüsetopf mit Lychees

Die rote Currypaste und der grüne Wasabi-Meerrettich, beide in asiatischen Spezialgeschäften erhältlich, geben diesem Gemüsetopf mit asiatischem Flair eine würzige Schärfe. Lychees bekommen Sie im Winter frisch auf dem Markt.

	Für 6 Personen:
150 g	Cherrytomaten
300 g	Kartoffeln
300 g	Kürbis
2	rote Zwiebeln
200 g	Möhren
200 g	Zucchini
3	Frühlingszwiebeln
250 g	Lychees
200 g	kleine Champignons mit geschlossenen Köpfen
2 Eßl.	Sonnenblumenöl
1/2 l	Gemüsebrühe (Rezept Seite 40)
1	kleiner Rosmarinzweig
1	kleiner Thymianzweig
2	Gewürznelken
1	Lorbeerblatt
1/2 Teel.	rote Currypaste
1 Teel.	Korianderkörner
	frisch gemahlener schwarzer Pfeffer
	Kräuter- oder Meersalz
2 Teel.	Ingwer, frisch gerieben
1 Teel.	Wasabi-Meerrettich
2 Eßl.	Petersilie, feingeschnitten
	Zum Garnieren:
	Kerbel- oder Petersilienblättchen
	Arbeitsaufwand:
	etwa 30 Minuten
	Garzeit:
	etwa 35 Minuten

1. In einem Topf 1/4 l Wasser zum Kochen bringen. Die Tomaten kurz einlegen und abschrecken; dann herausnehmen und die Haut abziehen.

2. Die Kartoffeln und den Kürbis schälen und in etwa 3 cm große Würfel schneiden. Die Zwiebeln schälen, halbieren und in Scheiben schneiden. Die Möhren schälen, die Zucchini waschen und putzen. Beides in etwa 1 cm dicke und etwa 3 cm lange Stifte schneiden. Die Frühlingszwiebeln waschen, putzen und mit dem Grün in etwa 3 cm lange Stücke schneiden. Die Lychees von den Schalen befreien. Die Pilze putzen und ganz lassen.

3. Das Sonnenblumenöl in einem Topf bei mittlerer Hitze leicht erhitzen. Die Kartoffeln, die Zwiebeln und die Möhren darin unter Rühren etwa 5 Minuten andünsten. Die Gemüsebrühe angießen und zum Kochen bringen. Das Gemüse etwa 10 Minuten bei schwacher Hitze im geschlossenen Topf garen. Den Rosmarin- und den Thymianzweig mit den Nelken, dem Lorbeerblatt, der Currypaste, den Korianderkörnern, Pfeffer und Kräuter- oder Meersalz unterrühren. Alles bei schwacher Hitze noch einmal etwa 10 Minuten im geschlossenen Topf garen.

4. Den Kürbis und die Zucchini in den Gemüsetopf geben, den Ingwer mit dem Wasabi-Meerrettich unterrühren. Alles weitere 5 Minuten garen.

5. Die Champignons, die Cherrytomaten und die Lychees hinzufügen und das Gemüse nochmals etwa 3 Minuten garen. Die Petersilie untermischen.

6. Den Gemüsetopf auf Teller verteilen und mit Kräuterblättchen garnieren.

Mein Tip:

Diesen Gemüsetopf können Sie wie im Rezept beschrieben rein vegetarisch servieren. Gut schmeckt er aber auch, wenn Sie ihn mit Lammfleisch anreichern. Eine Lammschulter wird auf einem Bett von grob geschnittenem Gemüse (Möhren, Sellerie, Zwiebeln, Lauch und Petersilienwurzeln) im Backofen geschmort. Geben Sie die im Rezept angegebenen Kräuter statt in den Gemüsetopf gleich zum Lamm und beträufeln Sie es immer wieder mit trockenem Weißwein. Die Lammschulter braucht bei 140° etwa 1 1/2 Stunden. Dabei gelegentlich Gemüsebrühe angießen.

FEINES SAUERKRAUT
MIT ZANDERKLÖSSCHEN

Bei diesem würzigen Sauerkrauttopf geben die selbstgezogenen Senfkeimlinge (siehe auch Tip Seite 17) einen pikanten, säuerlichen Akzent.

1. Das Zanderfilet im Blitzhacker oder im Mixer zerkleinern und durch ein Sieb streichen. In eine Schüssel geben und mit der Crème fraîche, dem Noilly Prat, Pfeffer, Salz und den Senfkörnern zu einer geschmeidigen, aber doch festen Farce verrühren. Die Farce etwa 20 Minuten kalt stellen.

2. Für den Sauerkrautfond die Zwiebeln schälen, den Lauch putzen und waschen. Beides fein schneiden. Das Sauerkraut kleinschneiden.

3. Das Öl in einem Topf erhitzen. Die Zwiebel mit dem Lauch darin bei mittlerer Hitze etwa 3 Minuten andünsten. Die Brühe hinzugießen, den Knoblauch schälen und durch die Presse drücken, dann mit dem Sauerkraut unterrühren.

4. Die Wacholderbeeren, die Nelken, die Lorbeerblätter und den Kümmel in einen Gewürzbeutel oder ein Tee-Ei füllen und zum Sauerkraut legen. Das Kraut im geschlossenen Topf bei schwacher Hitze etwa 5 Minuten garen.

5. Inzwischen die Petersilienwurzeln und die Kartoffeln schälen und in kleine Würfel schneiden. Die Gemüsewürfel unter das Kraut mischen und mit dem grünen Pfeffer und Salz würzen. Den Sauerkrauttopf weitere 20 Minuten zugedeckt bei schwacher Hitze garen.

6. Die Paprikaschoten waschen und in kleine Würfel schneiden. Während der letzten 5 Minuten mit dem Kraut garen.

7. Während das Kraut gart, 1/2 l Salzwasser zum Kochen bringen, die Hitze dann reduzieren. Von der Zanderfarce mit einem Eßlöffel Klößchen abstechen und in das schwach kochende Wasser einlegen. Die Zanderklößchen darin 8–10 Minuten ziehen – nicht kochen – lassen. Dann mit einem Schaumlöffel herausheben.

8. Das Gewürzsäckchen aus dem Sauerkraut entfernen. Das Kraut nochmals mit Pfeffer und Salz abschmecken, auf tiefen Tellern anrichten, mit den Senfkeimlingen bestreuen und mit den Zanderklößchen belegen.

MEIN TIP:
Wenn Sie den Sauerkrauttopf vegetarisch servieren möchten, geben Sie Walnußspätzle als Beilage.
Einen geschmacklich anderen Effekt bekommt das Gericht, wenn Sie die Senfkeimlinge weglassen und die Zanderklößchen mit Dillspitzen garnieren.

Vegetarisches Chili

Diesem attraktiven Gemüse-Chili können Sie durch 1–2 frische oder eingelegte Chilischoten zusätzliche Schärfe verleihen. Fügen Sie sie entkernt und gehackt zusammen mit den Kräutern hinzu.

Für 6 Personen:

300 g	getrocknete Pinto- oder Kidney-Bohnen
250 g	Cherrytomaten
800 g	Fleischtomaten
2	kleine rote Zwiebeln
100 g	rote Paprikaschoten
100 g	grüne Paprikaschoten
100 g	Möhren
100 g	Zucchini
3 Eßl.	Oliven- oder Sonnenblumenöl
1/2 l	Gemüsebrühe (Rezept Seite 40)
1	Knoblauchzehe
1/4 Teel.	Chilipulver
1	Prise gemahlener Kreuzkümmel
	Salz
1	Aubergine (etwa 200 g)
	frisch gemahlener schwarzer Pfeffer
1	Prise rosenscharfes Paprikapulver
1	Frühlingszwiebel
1	Prise Kräuter- oder Meersalz
2 Teel.	Koriandergrün oder Petersilie, feingehackt
1 Teel.	Zitronenmelisse, feingehackt

Zum Garnieren:

100 g	Joghurt
	einige Zweiglein Koriandergrün oder Zitronenmelisse

Quellzeit:

einige Stunden oder über Nacht

Arbeitsaufwand:

etwa 30 Minuten

Garzeit:

etwa 35 Minuten

1. Die Bohnen mit 1 l Wasser begießen und einige Stunden oder über Nacht einweichen.

2. Dann die Bohnen im Einweichwasser zum Kochen bringen und zugedeckt bei mittlerer Hitze in 15–20 Minuten bißfest garen. Die Bohnen abgießen und abtropfen lassen.

3. Während die Bohnen garen, 2 l Wasser zum Kochen bringen. Die Cherrytomaten etwa 1/2 Minute einlegen; herausheben, abschrecken, enthäuten und beiseite stellen. Die Fleischtomaten etwa 1 Minute einlegen; dann ebenfalls herausnehmen, abschrecken und enthäuten. Die Fleischtomaten würfeln. Die Zwiebeln schälen und würfeln. Die Paprikaschoten von den Kernen und Rippen befreien und waschen. Die Möhren schälen. Die Zucchini putzen und waschen. Die Paprika, die Möhren und die Zucchini in etwa 3 cm große Würfel schneiden.

4. In einem Topf 2 Eßlöffel Öl erhitzen. Die Zwiebeln darin etwa 1 Minute andünsten. Die Tomatenwürfel untermischen. Von der Gemüsebrühe 6 Eßlöffel beiseite stellen, die übrige Brühe zu den Tomaten gießen und zum Kochen bringen. Die Möhren hineingeben und etwa 5 Minuten zugedeckt bei mittlerer bis schwacher Hitze garen. Die Paprikaschoten zugeben und weitere 5 Minuten garen. Dann die Zucchini und die Bohnen untermischen. Den Knoblauch schälen, durch die Presse drücken und hinzufügen. Das Chili mit dem Chilipulver, dem Kreuzkümmel und Salz würzen und im offenen Topf bei schwacher Hitze nochmals etwa 10 Minuten kochen lassen.

5. Inzwischen die Aubergine vom Stielansatz befreien, waschen und in 1–2 cm breite Würfel schneiden. 1 Eßlöffel Öl in einer Pfanne erhitzen und die Auberginenwürfel kurz darin wenden. Mit Salz, Pfeffer und dem Paprikapulver würzen und mit den 6 Eßlöffeln Brühe ablöschen. Wenn alle Flüssigkeit verdampft ist, die Auberginen von allen Seiten unter Rühren bräunen. Das dauert etwa 4 Minuten. Die Auberginen beiseite stellen.

6. Die Frühlingszwiebel waschen, putzen und mit dem Grün kleinschneiden. Das Chili mit dem Kräuter- oder Meersalz abschmecken und die Frühlingszwiebel sowie die Kräuter unterrühren. Dann die Cherrytomaten und die Auberginenwürfel dazugeben.

7. Das Chili in Teller füllen und den Joghurt darauf verteilen. Mit Kräutern garnieren.

Mein Tip:

Wenn Sie dieses Gemüse-Chili rein vegetarisch servieren möchten, können Sie etwa 100 g Quinoa mitgaren. Geben Sie die Körner gleichzeitig mit den Möhren ins Chili. Ausgezeichnet schmecken aber auch Poulardenbrust- oder Perlhuhnbrust – in Butterschmalz leicht gebräunt – beziehungsweise Fisch wie Zackenbarsch oder Dorade dazu.

GRÜNKOHLTOPF MIT WALLER

Grünkohl schmeckt am besten, wenn der erste Frost »darüber gegangen« ist. Zu seinem herrlich herben Geschmack paßt Fisch sehr gut. Statt Waller können Sie auch Heilbutt oder Seezunge verwenden.

Für 4 Personen:

Für den Grünkohl:

50 g	Zwiebeln
1 Eßl.	Sonnenblumenöl
1 l	Gemüsebrühe (Rezept Seite 40)
	Salz
1 Teel.	Thymianblättchen
2	Gewürznelken
1	Lorbeerblatt
1	Prise Piment
1/4 Teel.	Kümmelkörner
1 Teel.	gestoßene Senfkörner
1 Teel.	grob gestoßener schwarzer Pfeffer
500 g	Grünkohl
200 g	Kartoffeln
50 g	Lauch (nur das Weiße)
50 g	Möhren
50 g	Pastinaken

Für den Waller:

400 g	Wallerfilets
	Salz
	frisch gemahlener schwarzer Pfeffer
2 Eßl.	Grahambrösel
2 Teel.	Sonnenblumenöl

Zum Garnieren:

	Petersilienblättchen

Arbeitsaufwand:

etwa 40 Minuten

Garzeit:

etwa 35 Minuten

1. Die Zwiebeln schälen und fein schneiden. Das Sonnenblumenöl in einer Pfanne erhitzen, die Zwiebel darin etwa 3 Minuten bei mittlerer Hitze andünsten. Mit der Gemüsebrühe aufgießen und salzen. Den Thymian, die Nelken, das Lorbeerblatt und den Piment mit dem Kümmel, den Senfkörnern und dem Pfeffer hinzufügen.

2. Den Grünkohl waschen und fein zupfen. Die Kartoffeln schälen und in kleine Würfel schneiden. Beides in die Gemüsebrühe geben und etwa 5 Minuten darin kochen lassen, dann herausnehmen.

3. Den Lauch waschen, putzen und fein schneiden. Die Möhren und die Pastinaken schälen und in kleine Stifte schneiden. Das Gemüse in die Gemüsebrühe geben und etwa 5 Minuten darin kochen.

4. Die Nelken und das Lorbeerblatt herausnehmen und den Grünkohl und die Kartoffeln erneut hinzufügen. Alles noch weitere 10 Minuten bei schwacher Hitze garen. Dabei gelegentlich umrühren.

5. Den Waller mit Salz und Pfeffer würzen und in den Grahambröseln wenden. In einer Pfanne 2 Teelöffel Sonnenblumenöl erhitzen und den Waller darin bei mittlerer Hitze von jeder Seite etwa 2 Minuten leicht andünsten. Dann den Deckel auflegen und den Waller bei schwacher Hitze etwa 5 Minuten garen.

6. Zum Servieren den Grünkohl auf die Teller geben, den Fisch obenauf legen und mit Petersilienblättchen garnieren.

MEIN TIP:

Wenn Sie den Grünkohl vegetarisch servieren möchten, reichen Sie statt dem Waller Büchelsteiner (Rezept Seite 88) dazu.
Sehr gut schmeckt auch Buchweizen (ganze Körner), den Sie statt Kartoffeln in den Grünkohltopf geben können.

Gemüse als Hauptgericht

Gemüse ist mehr als nur Beilage. Und wer Hauptgerichte mit Gemüse ausprobiert, bemerkt schnell, daß das Besondere dabei weniger in der aufwendigen Zubereitung, als vielmehr in der Konzentration auf den reinen natürlichen Geschmack liegt. Jede Saison bietet eine eigene Palette an verschiedenen Aromen, die die Basis für schönste kulinarische Kombinationen liefern. Gemüsegerichte harmonisieren auch mit sorgfältig ausgewähltem Fisch, Fleisch oder Geflügel. Deshalb finden Sie neben Vegetarischem auch viele Gerichte mit entsprechenden Ergänzungen.

SCHWARZWURZEL-GEMÜSE-NAVARIN

Schwarzwurzeln sind heutzutage leider etwas in Vergessenheit geraten. Dabei sind sie eines unserer schönsten und aromatischsten Wintergemüse, was ihnen auch die Bezeichnung »Spargel des Winters« eingebracht hat. Die anderen Gemüse in diesem Navarin passen besonders gut zum feinen Schwarzwurzelaroma.

Für 4 Personen:	
400 g	Schwarzwurzeln
	Saft von
1/2	Zitrone
200 g	Möhren
100 g	Mangold (am besten roter)
500 g	festkochende Kartoffeln
100 g	Petersilienwurzeln
200 g	Kohlrabi
2	Frühlingszwiebeln
3	kleine Schalotten
1 EßI.	Butterschmalz
200 g	Blumenkohlröschen
1	Päckchen Safranfäden (1 g)
1	kleiner Rosmarinzweig
400 ml	Gemüsebrühe (Rezept Seite 40)
	Salz
1/4	Knoblauchzehe
100 g	Crème fraîche
Arbeitsaufwand:	
	etwa 30 Minuten
Garzeit:	
	etwa 25 Minuten

1. Die Schwarzwurzeln putzen, schälen und schräg in etwa 3 cm lange Stücke schneiden. In eine Schüssel mit Wasser und dem Zitronensaft legen.

2. Die Möhren schälen und ebenfalls in schräge, etwa 3 cm lange Stücke schneiden. Den Mangold waschen, das Blattgrün abstreifen und die Stiele in etwa 2 cm lange Stücke schneiden. Die Kartoffeln schälen und in sehr kleine Würfel schneiden. Die Petersilienwurzeln und den Kohlrabi schälen und in etwa 1 cm große Würfel schneiden. Die Frühlingszwiebeln putzen, waschen und mit dem Grün in etwa 3 cm lange Stücke schneiden. Die Schalotten schälen und sechsteln.

3. Das Butterschmalz in einem Topf erhitzen. Die Schalotten, die Kartoffeln und die Schwarzwurzeln mit den Blumenkohlröschen und den Safranfäden darin etwa 5 Minuten bei mittlerer Hitze andünsten. Dann den Blumenkohl herausnehmen. Den Rosmarinzweig und die Gemüsebrühe hinzufügen und das Gemüse mit Salz abschmecken. Das Ganze etwa 5 Minuten zugedeckt kochen lassen.

4. Den Knoblauch durch die Presse drücken und unterrühren. Die Möhren unter das Gemüse mischen und etwa 5 Minuten garen. Die Kohlrabi, die Petersilienwurzeln und den Blumenkohl hinzufügen und ebenfalls etwa 5 Minuten garen. Den Mangold hineingeben, noch etwa 5 Minuten kochen lassen; die Gemüse sollen bißfest und die Flüssigkeit auf die Hälfte eingekocht sein.

5. Dann die Crème fraîche in die Brühe einrühren und alles um etwa ein Drittel einkochen lassen. Das Gericht auf Teller verteilen und heiß servieren.

MEIN TIP:

Gut paßt auch gedünsteter oder gegrillter Mittelmeerfisch wie etwa Meeräsche oder Seeteufel dazu.

GEMÜSE À LA GRECQUE

Dieses würzige Gericht schmeckt heiß oder kalt, es läßt sich also sowohl als leichtes Hauptgericht wie auch als Vorspeise servieren.

1. Die Möhren schälen, in etwa 5 cm lange Stücke schneiden und längs vierteln. Die Zucchini waschen und ebenfalls in 5 cm lange Stücke schneiden; diese sechsteln. Die Perlzwiebeln und die Champignons putzen. Den Chicorée waschen und längs halbieren, vom Strunk befreien und in etwa 1 cm breite Stücke schneiden.

2. 1 Eßlöffel Olivenöl erhitzen. Die Blumenkohlröschen waschen und in dem Öl wenden, mit dem Safran würzen und etwa 2 Minuten bei mittlerer Hitze andünsten. Die Möhren und die Perlzwiebeln hinzufügen und das Tomatenmark einrühren.

3. Von der Gemüsebrühe 4 Eßlöffel abmessen und beiseite stellen. Die übrige Brühe zum Gemüse gießen. Die Korianderkörner, den Pfeffer, das Lorbeerblatt, den Saft von 1/2 Zitrone, den Thymianzweig, die Minze und Salz hinzufügen. Das Gemüse zugedeckt bei schwacher Hitze etwa 8 Minuten garen.

4. Inzwischen 2 Teelöffel Olivenöl in einer Pfanne erhitzen und den Chicorée darin bei mittlerer Hitze etwa 2 Minuten andünsten. Dann mit 1 Eßlöffel Zitronensaft, Salz und Pfeffer würzen und mit den 4 Eßlöffeln Gemüsebrühe ablöschen. Nochmals etwa 2 Minuten dünsten.

5. Die Pilze und die Zucchini in den Gemüsetopf geben und etwa 5 Minuten mitgaren. Die Gemüse mit Pfeffer und Salz abschmecken, 1 Teelöffel Olivenöl und den restlichen Zitronensaft unterrühren.

6. Die Gemüse mit dem Chicorée auf tiefe Teller verteilen und ein wenig Sud darüber gießen. Mit der Petersilie oder den Korianderblättchen garnieren.

MEIN TIP:
Wählen Sie für dieses Gericht unbedingt frisches und zartes Gemüse. Sie können auch andere Gemüse auf diese Art zubereiten – etwa Artischockenböden, Sellerie, Lauch, Fenchel oder Auberginen. Gemüse à la grecque läßt sich schon am Vortag zubereiten.

STECKRÜBENSOUFFLÉ MIT KARPFEN

Steckrübensoufflé und Karpfen werden für dieses Gericht nebeneinander gleichzeitig im Backofen gegart und mit Spinat und Rotweinsauce festlich angerichtet. Den Karpfen sollten Sie eventuell vorbestellen und den Fischhändler bitten, ihn in die vier Filets zu teilen.

Für 4 Personen:	
4	Souffléförmchen von 8 cm
	Durchmesser und 5 cm Höhe,
	2 Gratinformen, 1 Pergament-
	papier
200 g	Spinat
300 g	Steckrüben
	Salz
1	Eiweiß
2	Eigelb
70 g	Sahne
1	Prise gemahlene Muskatblüte
	frisch gemahlener weißer Pfeffer
50 g	Kartoffeln
2	Schalotten
150 ml	Gemüsebrühe (Rezept Seite 40)
180 ml	Rotwein (Bordeaux)
4	Karpfenfilets (je 100–150 g)
2 Teel.	Zitronensaft
1 Teel.	Butterschmalz
50 g	kalte Butter
1 Eßl.	Dickmilch

Für die Förmchen und das Papier:

Butter

Zum Garnieren:

einige Kerbelblättchen oder Dillspitzen

Arbeitsaufwand:

etwa 45 Minuten

Garzeit:

etwa 45 Minuten

1. Den Spinat verlesen, gründlich waschen und von den Stielen befreien. Die Steckrüben schälen. 50 g davon in sehr kleine Würfel schneiden und beiseite stellen. Den Rest in grobe Würfel schneiden und von Salzwasser bedeckt zum Kochen bringen. Die Steckrüben in etwa 15 Minuten weich kochen, dann in einem Sieb abtropfen lassen.

2. Den Backofen auf 170° vorheizen.

3. Das Eiweiß mit etwas Salz steif schlagen und kalt stellen.

4. Die gegarten Steckrüben im Mixer pürieren. Die Eigelbe und die Sahne einrühren und die Masse mit der Muskatblüte, Pfeffer und Salz würzen. Die Masse in eine Schüssel füllen, die rohen Steckrübenwürfel untermischen und den Eischnee unterheben.

5. Die Souffléförmchen mit Butter ausstreichen. Die Steckrübenmasse darin verteilen und in eine größere Gratinform stellen, die 3 cm hoch mit heißem Wasser gefüllt wird. Die Steckrübensoufflés im Backofen (Mitte) 25–30 Minuten backen, bis sie aufgegangen und leicht gebräunt sind.

6. Inzwischen für die Rotweinsauce die Kartoffeln schälen und in kleine Würfel schneiden. 1 Schalotte schälen und fein schneiden und beides in 1/8 l Gemüsebrühe in etwa 15 Minuten weich kochen; dabei soll die Flüssigkeit um ein Drittel einkochen. Mit 150 ml Rotwein aufgießen und die Sauce jetzt bis zur Hälfte reduzieren.

7. Währenddessen die Karpfenfilets mit dem Zitronensaft und 3 Eßlöffeln Rotwein beträufeln. Die Filets in eine gebutterte Gratinform legen, salzen, mit gebuttertem Pergamentpapier bedecken und 8–10 Minuten mit den Soufflés im Backofen garen.

8. Für den Spinat die zweite Schalotte schälen und fein schneiden. Das Butterschmalz mit der restlichen Gemüsebrühe und der Schalotte in einem Topf erhitzen und den Spinat darin im geschlossenen Topf 2–3 Minuten dämpfen, bis er zusammenfällt.

9. Die Rotweinsauce mit dem Pürierstab glatt mixen. Die Butter in Scheiben schneiden und mit dem Pürierstab unterschlagen, dann die Dickmilch untermixen und die Sauce mit Pfeffer und Salz abschmecken.

10. Aus der Sauce auf Tellern einen Spiegel gießen, den Spinat seitlich auf die Teller legen. Darauf den Fisch betten. Das Soufflé daneben arrangieren. Mit Kerbelblättchen oder Dillspitzen garnieren.

Rotkohl mit karamelisierten Birnen auf Holundersauce

Rotkohl wird hier einmal ganz anders zubereitet; kombiniert mit Birnen und Holundersauce wird er süßsauer angerichtet und mit Maronen serviert.

Für 6 Personen:	
1 kg	Rotkohl
375 ml	Rotwein (Bordeaux)
1	Lorbeerblatt
2	Gewürznelken
1/3 Teel.	grob gestoßener schwarzer Pfeffer
1	Zweig Thymian
3	Wacholderbeeren
1/4 Teel.	Kümmel
400 g	frische Eßkastanien (Maronen)
1	Zwiebel
5 EßI.	Olivenöl
1	Petersilienwurzel
1 EßI.	Birnendicksaft
	Salz

Für die Sauce:	
3	Williamsbirnen
2 EßI.	Akazienhonig
4 EßI.	frische Holunderbeeren
2 EßI.	Aceto balsamico
1/8 l	Rotwein

Zum Garnieren:	
	einige Kerbelblättchen

Marinierzeit:	
	einige Stunden oder über Nacht

Arbeitsaufwand:	
	etwa 40 Minuten

Garzeit:	
	etwa 40 Minuten

1. Den Rotkohl putzen, vierteln, vom Strunk und den starken Blattrippen befreien und in feine Scheiben schneiden oder hobeln. In einer Schüssel mit dem Rotwein begießen. Das Lorbeerblatt, die Nelken, den Pfeffer, den Thymian, die Wacholderbeeren und den Kümmel hinzufügen. Den Rotkohl einige Stunden, am besten über Nacht, marinieren lassen.

2. Die Kastanien kreuzweise einschneiden. In 2 1/2 l kochendes Wasser geben und 15–20 Minuten kochen, bis die Schalen aufspringen. Die Kastanien abschrecken und von der Schale und der inneren Haut befreien.

3. Die Zwiebel in kleine Würfel schneiden. Das Öl in einem Topf erhitzen und die Zwiebel darin andünsten. Den Rotkohl mit der Marinade hinzufügen und mit 1/4 l Wasser aufgießen. Die Petersilienwurzel putzen, in kleine Würfel schneiden und zum Kohl geben. Mit dem Birnendicksaft und Salz würzen. Die Kastanien unter den Kohl mischen und alles zugedeckt bei schwacher Hitze garen, bis der Rotkohl bißfest gegart ist; er benötigt insgesamt etwa 20 Minuten.

4. Inzwischen die Birnen gründlich waschen, ungeschält in Spalten schneiden und von den Kerngehäusen befreien. Den Honig in einer Pfanne bei mittlerer bis schwacher Hitze erhitzen und die Birnen darin 2–3 Minuten garen, dann herausnehmen und den Honig bei mittlerer Hitze leicht karamelisieren lassen. Die Holunderbeeren und den Aceto balsamico hinzufügen, mit dem Rotwein aufgießen und die Sauce einmal aufkochen. Dann unter Rühren auf etwa die Hälfte einkochen lassen. Die Sauce soll dabei die Konsistenz von dickflüssigem Saft erhalten.

5. Den Rotkohl auf Teller verteilen und die Birnen am Rand dazulegen. Mit Kerbelblättchen verzieren.

Mein Tip:

Kastanien können Sie bei manchen Gemüsehändlern bereits geschält kaufen. Wenn Sie keine frischen Holunderbeeren bekommen, können sie auch Holunder-Muttersaft verwenden; Sie erhalten ihn ebenso wie den Birnendicksaft in Naturkostläden. Die Birnen sollten für dieses Gericht von besonders guter Qualität sein und, da sie mit Schale verwendet werden, möglichst aus kontrolliert-ökologischem Anbau sein. Wenn Sie die Holundersauce mild und sämig möchten, können Sie vor dem Servieren etwas kalte Butter unterschlagen.

BÄKEOFE MIT SCHWARZEN TRÜFFELN

Dieses elsässische Gericht mit einer langen Tradition bekam seinen Namen, weil es früher zum Bäcker gebracht wurde, um es dort im Ofen garen zu lassen. Hier wird es auf vegetarische Art mit schwarzen Trüffeln zubereitet.

Für 4 Personen:

Für die Kräuterwickel:

	Salz
12	mittelgroße Weißkohlblätter
100 g	Grahambrot
1/4 l	Milch
2	kleine Zwiebeln
2 Teel.	Butter
1 Eßl.	Kerbel, feingeschnitten
2 Eßl.	Petersilie, feingeschnitten
1 Eßl.	Schnittlauch, feingeschnitten
1 Eßl.	Estragon, feingeschnitten
1	Prise geriebene Muskatnuß
	frisch gemahlener schwarzer Pfeffer
30 g	schwarze Trüffel
12	lange Schnittlauchhalme
6 Eßl.	Gemüsebrühe (Rezept Seite 40)

Für den Bäkeofe:

750 g	festkochende Kartoffeln
1	Möhre
2	Zwiebeln
70 g	Lauch (nur das Weiße)
1 1/2 Eßl.	Butterschmalz
1/4 l	Gemüsebrühe (Rezept Seite 40)
1	Prise geriebene Muskatnuß
	frisch gemahlener schwarzer Pfeffer
	Salz
2 Eßl.	Petersilie

Arbeitsaufwand:

etwa 45 Minuten

Garzeit:

etwa 35 Minuten

1. In einem großen Topf 2 l Salzwasser zum Kochen bringen. Die Kohlblätter darin etwa 3 Minuten blanchieren; dann herausnehmen und abkühlen lassen. Das Blanchierwasser aufheben.

2. Das Grahambrot mit der Milch begießen und einweichen. Die Zwiebeln schälen und fein schneiden. Die Butter in einem Topf schmelzen lassen und die Zwiebeln darin bei mittlerer Hitze unter Rühren etwa 3 Minuten andünsten.

3. Das Brot ausdrücken und in einer Schüssel mit dem Kerbel, der Petersilie, dem Schnittlauch, dem Estragon und den Zwiebeln vermischen. Mit dem Muskat, Pfeffer und Salz abschmecken. Die Trüffel unter fließendem Wasser bürsten, um Erdreste zu entfernen. Dann 1 Teelöffel voll davon hacken und unter die Füllung mischen. Den Rest beiseite stellen.

4. Die Schnittlauchhalme einmal kurz in das kochende Blanchierwasser eintauchen, um sie biegsam zu machen. Den Weißkohl abtupfen und die großen Rippen ausschneiden. Die Weißkohlblätter auf der Arbeitsfläche ausbreiten, die Schnittstellen übereinanderlegen und in die Mitte jeweils 1 Eßlöffel Füllung geben. Die Weißkohlblätter zu Päckchen formen und mit dem Schnittlauch verschnüren. Oben formschön zurechtschneiden.

5. Die Kartoffeln und die Möhre schälen und in Scheiben schneiden. Die Zwiebeln schälen, halbieren und in Streifen schneiden. Den Lauch putzen, waschen und in feine Streifen schneiden.

6. Das Butterschmalz in einem Topf erhitzen. Die Zwiebeln, den Lauch und die Möhre darin bei mittlerer Hitze etwa 3 Minuten andünsten. Mit der Gemüsebrühe aufgießen, mit dem Muskat, Pfeffer und Salz würzen. Die Petersilie und die Kartoffeln hinzufügen, alles aufkochen lassen und bei schwacher Hitze im geschlossenen Topf etwa 20 Minuten garen.

7. Kurz vor Ende der Garzeit die 6 Eßlöffel Gemüsebrühe in einem Topf aufkochen lassen, die Kräuterwickel hineinsetzen und zugedeckt bei schwacher Hitze etwa 5 Minuten garen.

8. Die restliche Trüffel in feine Streifen (Julienne) schneiden. Den Bäckeofe in die Mitte von Tellern häufen, jeweils 3 Wickel am Rand verteilen und die Trüffeljulienne obenauf legen.

MEIN TIP:

Schwarze Trüffel gibt es nur selten frisch auf dem Markt oder in gut sortierten Gemüsegeschäften. Eine Ersatzmöglichkeit sind Sommertrüffel, die konserviert angeboten werden, die allerdings geschmacklich nicht ganz so gut sind.

CHARLOTTE GÄRTNERIN

Die Charlotte Gärtnerin eignet sich gut für ein festliches Essen.

1. 1/4 l Salzwasser zum Kochen bringen. Die Teltower Rübchen darin 5–8 Minuten blanchieren, abschrecken.

2. Die Gemüsebrühe zum Kochen bringen. Die Möhren waschen und 2–3 cm Grün stehenlassen. In der Brühe etwa 6 Minuten garen und abschrecken. Die Tomaten einlegen und 1 Minute kochen. Abschrecken, häuten, entkernen und würfeln. Die Broccoliröschen abschneiden, etwa 5 Minuten blanchieren und abschrecken.

3. Für die Charlotte 1/2 l Salzwasser zum Kochen bringen. Von der Artischocke den Strunk und die Blätter abschneiden. Das Heu mit einem Löffel ausstechen. Die Artischocke mit dem Zitronensaft in das kochende Wasser geben und 10–15 Minuten zugedeckt bei schwacher Hitze garen.

4. Die Zucchini waschen und mit 1 geschälten Möhre in Stücke schneiden, die so lang sein sollen wie die Förmchen hoch. Die Zucchini- und die Möhrenstücke in dünne Scheiben schneiden und den Rand der gebutterten Förmchen mit einem Teil davon ausfüttern. Die restlichen Zucchinischeibchen in Stifte schneiden. Die übrigen Möhren schälen und würfeln. Die Frühlingszwiebel und die Schalotten kleinschneiden. Die Champignons putzen. Den Broccolistrunk schälen. Beides klein schneiden.

5. 1 Eßlöffel Olivenöl erhitzen und die Schalotten darin andünsten. Die Frühlingszwiebel, die Möhren und Zucchini hinzufügen und etwa 2 Minuten bei mittlerer Hitze andünsten. Den Knoblauch pressen und mit den Pilzen hinzufügen. Die Kräuter grob hacken und dazugeben. Das Gemüse salzen, pfeffern und bei schwacher Hitze zugedeckt etwa 10 Minuten dünsten.

6. Die Aubergine waschen und klein würfeln. 1/2 Eßlöffel Olivenöl erhitzen und die Auberginenwürfel darin kurz wenden. Mit der Gemüsebrühe ablöschen und mit Salz und Pfeffer würzen. Die Flüssigkeit ausdampfen lassen. Den Artischockenboden in kleine Würfel schneiden und kurz mit den Auberginen durchwärmen.

7. Den Backofen auf 150° vorheizen. Das Möhren-Zucchini-Gemüse grob pürieren und kurz erhitzen. Die Kartoffel als Bindemittel hineinreiben und alles 2–3 Minuten dünsten lassen.

8. Das pürierte Gemüse, die Auberginen- und Artischockenwürfel mischen. Mit der Sojasauce würzen, die Eiweiße unterrühren. Die Masse in die Förmchen füllen. Im Backofen (unten) etwa 15 Minuten backen.

9. Die Frühlingszwiebel für die Sauce kleinschneiden und mit den Basilikumblättchen in der Gemüsebrühe, in der die Gemüse gegart wurden, aufkochen. Die Knoblauchzehe pressen und hineingeben. Das blanchierte Gemüse darin etwa 5 Minuten dünsten. Salzen, pfeffern, mit dem Aceto balsamico und dem Öl abrunden.

10. Die Charlotte auf Teller stürzen. Gemüse und Brühe rundum verteilen, mit Kerbelblättchen dekorieren.

SHIITAKEPILZE MIT BUCHWEIZENNUDELN

Bis vor einigen Jahren konnte man japanische Shiitakepilze nur getrocknet kaufen. Heute werden sie mit Erfolg auch in Europa gezüchtet und immer häufiger in asiatischen Spezialgeschäften und Gemüsegeschäften frisch angeboten. Sie sind nicht nur aromareich, man schreibt ihnen auch einen cholesterinspiegelsenkenden Effekt zu – frischen mehr als getrockneten. Sie können Shiitakepilze in der Küche ähnlich verwenden wie Champignons. Und: Sie haben den Vorteil, daß sie beim Garen kaum Flüssigkeit abgeben.

Für 4 Personen:

Für die Nudeln:

150 g	Buchweizenmehl
150 g	Dinkelmehl
2	Eier
1 Teel.	Kräuter- oder Meersalz
1 Teel.	gemahlener Kurkuma
1	Prise geriebene Muskatblüte
1	Prise Cayennepfeffer
2 Eßl.	Olivenöl

Für die Pilze:

	Salz
100 g	Zuckerschoten (Kaiserschoten)
3	mittelgroße Tomaten
4	Frühlingszwiebeln
200 g	Shiitakepilze
1 Eßl.	Olivenöl
3 Eßl.	Kerbel oder Petersilie, feingeschnitten
1/2 Teel.	Thymianblättchen
4 Eßl.	Gemüsebrühe (Rezept Seite 40)
1	Knoblauchzehe
	frisch gemahlener schwarzer Pfeffer

Zum Garnieren:

einige Kerbelzweiglein

Arbeitsaufwand:

etwa 40 Minuten

Ruhezeit:

etwa 30 Minuten

Garzeit:

etwa 5 Minuten

1. Beide Mehlsorten mit den Eiern, dem Salz, den Gewürzen und 2 Teelöffeln Öl etwa 5 Minuten kneten, bis ein geschmeidiger Teig entstanden ist. Den Teig zugedeckt bei Zimmertemperatur etwa 30 Minuten ruhen lassen.

2. Den Teig dann zu kleineren Kugeln formen und daraus mit der Nudelmaschine erst Teigplatten und anschließend Bandnudeln herstellen. Oder den Teig dünn ausrollen und Bandnudeln abschneiden.

3. Für die Nudeln und für die Zuckerschoten jeweils 2 l Salzwasser getrennt zum Kochen bringen. In das Nudelwasser 1 Teelöffel Olivenöl hineingeben.

4. Die Zuckerschoten waschen und putzen, dann 2–3 Minuten blanchieren. Herausnehmen, abschrecken und in etwa 1 cm lange Rauten schneiden. Die Tomaten etwa 1 Minute blanchieren, abschrecken, enthäuten, entkernen und in kleine Würfel schneiden. Die Frühlingszwiebeln mit dem Grün putzen, waschen und in etwa 2 cm lange Stücke schneiden. Die Pilze mit einem Tuch abwischen und in Sechstel schneiden.

5. Die Nudeln im Salzwasser in 2–3 Minuten bißfest garen.

6. Gleichzeitig 1 Eßlöffel Olivenöl in einer Pfanne erhitzen. Die Pilze mit den Frühlingszwiebeln und den Tomaten darin etwa 2 Minuten dünsten. Den Kerbel und die Thymianblättchen hinzufügen und mit der Brühe ablöschen. Den Knoblauch schälen, durch die Presse drücken und mit den Zuckerschoten und Pfeffer unter die Pilze mischen.

7. Die Nudeln abtropfen lassen und mit 1 Eßlöffel Öl und Kräuter- oder Meersalz mischen. Bergartig auf Teller häufen und die Pilze mit den Zuckerschoten obenauf geben. Mit Kerbelzweiglein garnieren.

MEIN TIP:

Wenn Sie cholesterinbewußt essen und zu den Shiitakepilzen gerne Nudeln ganz ohne Ei herstellen wollen, können Sie den Nudelteig wie folgt variieren: 100 g Buchweizen und 250 g Vollkorn-Hartweizengrieß, beides mehlfein gemahlen, nach und nach mit etwa 100 ml Wasser und 2 Eßlöffeln Olivenöl und den im Rezept angegebenen Gewürzen zu einem Nudelteig verarbeiten. Den dünn ausgerollten Teig etwas antrocknen lassen, damit er beim Abschneiden der Nudeln nicht klebt. Am besten schmecken die Nudeln, wenn Sie Dinkel und Buchweizen frisch mahlen. Dazu den Buchweizen vor dem Mahlen in einem Sieb heiß waschen und abtropfen lassen. Dann im Backofen bei 50° trocknen oder über Nacht auf einem Küchentuch ausbreiten.

BÜCHELSTEINER MIT PILZEN

Das bayerische Büchelstein ist allem Anschein nach der kulinarische Ursprungsort des herzhaften Eintopfgerichtes, das unter der Bezeichnung »Pichelsteiner« eine beliebte Spezialität geworden ist. Kartoffeln und Gemüse werden lageweise übereinander geschichtet. Die mittlere Schicht besteht meist aus gewürfeltem Fleisch, wie zum Beispiel Rinderlende. In dieser vegetarischen Variante wurde sie durch Pilze ersetzt.

Für 6 Personen:	
1	Gratinform von 22 cm Breite
	und 33 cm Höhe

Für die Form:	
	Butter

Für den Büchelsteiner:	
3	Schalotten
1	Knoblauchzehe
200 g	Shiitakepilze und Champignons
	gemischt
1 EßI.	Butterschmalz
1	kleines Bund Petersilie
60 g	Lauch (nur das Weiße)
300 g	Möhren
250 g	Petersilienwurzeln
200 g	Knollensellerie
600 g	Kartoffeln
	Salz
	frisch gemahlener schwarzer
	Pfeffer
1	Prise geriebene Muskatnuß
1	Prise Gomasiosalz (Sesamsalz)
	einige Butterflöckchen
1/8 l	Gemüsebrühe (Rezept Seite 40)

Zum Garnieren:	
12	kleine Champignons mit
	geschlossenen Köpfen
1 EßI.	Sonnenblumenöl
	frisch gemahlener schwarzer
	Pfeffer
	Salz
	einige Thymianblättchen
je 1 EßI.	Petersilie und Schnittlauch, fein-
	geschnitten
	einige Kerbelblättchen

Arbeitsaufwand:	
	etwa 40 Minuten

Garzeit:	
	etwa 1 Stunde

1. Die Schalotten und die Knoblauchzehe schälen und fein schneiden. Die gemischten Pilze mit einem Tuch abwischen und in kleine Würfel schneiden.

2. Das Butterschmalz in einer Pfanne erhitzen. Die Pilze mit den Schalotten und dem Knoblauch darin 2–3 Minuten andünsten. Die Petersilienblättchen von den Stielen zupfen und unter die Pilze mischen.

3. Den Lauch putzen, waschen und in dünne Streifen schneiden. Die Möhren, die Petersilienwurzeln, den Sellerie und die Kartoffeln putzen oder schälen und getrennt voneinander in hauchdünne Scheiben hobeln. Leicht würzen: und zwar die Kartoffeln mit Salz, Pfeffer und dem Muskat, die Möhren mit dem Gomasiosalz und die restlichen Gemüse mit Salz und Pfeffer.

4. Den Backofen auf 180° vorheizen.

5. Den Boden der gebutterten Gratinform mit der Hälfte der Kartoffeln auslegen. Die restlichen Gemüse schichtweise einfüllen: die Hälfte der Möhren, alle Petersilienwurzeln, alle Pilze, den Lauch, den Sellerie, schließlich die restlichen Möhren und zuletzt die übrigen Kartoffeln. Die letzte Schicht mit Salz, Pfeffer und Muskat würzen und außerdem mit Butterflöckchen belegen.

6. Den Büchelsteiner mit der Brühe begießen und im Backofen (Mitte) etwa 1 Stunde backen.

7. Für die Garnierung die Champignons putzen. Das Sonnenblumenöl in einer Pfanne erhitzen. Die Champignons 1–2 Minuten darin schwenken. Mit Pfeffer, Salz und Thymian würzen und ganz zum Schluß die Petersilie und den Schnittlauch hinzufügen. Alles ein paar Sekunden schwenken.

8. Den Büchelsteiner mit einem scharfen Messer in rechteckige Portionen schneiden und mit dem Spatel vorsichtig aus der Form lösen. Auf Teller legen und die Pilze seitlich anrichten. Den Büchelsteiner mit Kerbel belegen.

ZUCCHINI SIDNEY

Dieses herzhafte sommerliche Gericht läßt sich rasch zubereiten und gelingt leicht.

1. In einem Topf 1 l Wasser zum Kochen bringen. Die Flaschentomaten etwa 1 Minute einlegen, dann herausheben, abschrecken, häuten und in Würfel schneiden.

2. Die Schalotte und die Knoblauchzehe schälen und fein schneiden. Den Backofen auf 160° vorheizen.

3. Für die Tomatensauce das Öl in einem Topf erhitzen. Die Schalotte darin 2–3 Minuten bei mittlerer Hitze andünsten. Den Knoblauch und die Hälfte der Kräuter dazugeben und mit dem Weißwein ablöschen. Die Flüssigkeit unter Rühren auf die Hälfte einkochen lassen (reduzieren). Die Tomaten hinzugeben und das Tomatenmark unterrühren. Die Sauce mit Pfeffer und Salz abschmecken und zugedeckt bei schwacher Hitze etwa 8 Minuten garen. Die restlichen Kräuter untermischen und die Sauce noch etwa 2 Minuten garen. Dann pürieren und warm stellen.

4. Die Zucchini waschen und den Stielansatz abschneiden. Die Zucchini längs in 1 cm dicke Scheiben schneiden, die aber am Ende noch zusammenhalten sollen. Sie sehen wie ein Fächer aus. In eine ungefettete Form legen.

5. Die Tomaten waschen und in 1 cm dicke Scheiben schneiden. Den Käse in dünne Scheiben teilen. Beides zwischen die Zucchinischeiben stecken und jeweils 3 Basilikumblätter mit hinzugeben. Das Öl mit den Kräutern und den Gewürzen vermischen und die Zucchini damit bepinseln. Im Backofen (Mitte) etwa 20 Minuten backen.

6. Die Tomatensauce auf Teller verteilen und die Zucchini darauf legen.

MEIN TIP:

Sie können statt Schafkäse auch Mozzarella verwenden und nach Belieben zwischen die Zucchini etwa 1 cm dicke Kartoffelscheiben stecken, die sie ebenfalls mit der Marinade bestreichen.
Wenn es einmal schnell gehen muß, können Sie die Zucchini – wie auf dem Foto gezeigt – einfach in runde Scheiben schneiden und mit Tomaten- und Käsescheiben in eine feuerfeste Form schichten.

GEMÜSEPFANNE MIT AUSTERNPILZEN

Besondere Gemüse wie Fingermais und Austernpilze können Sie bei Ihrem Gemüsehändler bestellen. Sojabohnenkeimlinge, Ingwerknolle, Zitronengras und Tamarisauce erhalten Sie im asiatischen Spezialgeschäft.

Für 6 Personen:	
150 g	getrocknete Kidneybohnen
250 g	Fingermais (Minimais)
200 g	Möhren
200 g	Zuckerschoten (Kaiserschoten)
250 g	Romanescoröschen
200 g	kleine Austernpilze
150 g	Frühlingszwiebeln
100 g	Sojabohnenkeimlinge
1	rote Paprikaschote
2 Eßl.	Sonnenblumenöl
1 Teel.	Ingwer, frisch gerieben
1 Eßl.	Zitronengras, frisch geschnitten
1/2 l	Gemüsebrühe (Rezept Seite 40)
	frisch gemahlener schwarzer Pfeffer
	Kräuter- oder Meersalz
1 Eßl.	Tamarisauce (japanische Sojasauce)
Zum Garnieren:	
1 Eßl.	Sesamsamen, etwas Kerbel oder Koriandergrün
Quellzeit:	
	6–12 Stunden
Arbeitsaufwand:	
	etwa 30 Minuten
Garzeit:	
	etwa 40 Minuten

1. Die Kidneybohnen mit 1/2 l Wasser begießen und 6–12 Stunden quellen lassen.

2. Dann vom Einweichwasser bedeckt (gegebenenfalls noch etwas Wasser zugießen) zugedeckt bei mittlerer Hitze in etwa 25 Minuten bißfest garen und abtropfen lassen.

3. Den Mais putzen. Die Möhren schälen, in etwa 3 cm lange Stücke schneiden und diese längs sechsteln. Die Zuckerschoten waschen, putzen und in etwa 3 cm lange Rauten schneiden. Den Romanesco waschen.

4. Die Pilze putzen und halbieren. Die Frühlingszwiebeln putzen und mit dem Grün in etwa 3 cm lange Stücke schneiden. Die Sojabohnenkeimlinge waschen und abtropfen lassen. Die Paprikaschote mit dem Sparschäler enthäuten, von Rippen und Samen befreien und in etwa 1 cm große Würfel schneiden.

5. In einer großen Pfanne 1 Eßlöffel Sonnenblumenöl erhitzen. Die Romanescoröschen mit den Möhren darin bei mittlerer Hitze etwa 5 Minuten andünsten. Dann den Mais, den Ingwer und das Zitronengras unterrühren. Mit der Gemüsebrühe aufgießen und mit Pfeffer und Salz würzen. Das Gemüse zugedeckt etwa 5 Minuten garen. Dann die Zuckerschoten und die Kidneybohnen hinzufügen. Alles weitere 5 Minuten garen.

6. Inzwischen 1 Eßlöffel Sonnenblumenöl in einer anderen Pfanne erhitzen und die Frühlingszwiebeln, die Pilze, die Sojabohnenkeimlinge und die Paprikaschote darin 3–4 Minuten dünsten. Mit Pfeffer und Kräuter- oder Meersalz würzen und das Ganze zu den Gemüsen in die große Pfanne geben. Mit der Tamarisauce und Pfeffer abschmecken.

7. Die Sesamsamen in einer trockenen Pfanne rösten, bis sie zu duften beginnen. Die Gemüse auf Teller verteilen und mit den Sesamsamen bestreuen. Mit etwas Kerbel oder Koriandergrün garnieren.

SELLERIEFLAN

Diesen Sellerieflan können Sie mit Apfel-Cidre-Sauce und dem besonders in Nordrhein-Westfalen beliebten Stielmus servieren. Die Anleitung hierzu finden Sie nebenstehend. Statt Stielmus paßt auch sehr gut Mangold zum Sellerieflan.

Für 6 Personen:	
4	feuerfeste Förmchen von 9 cm
	Durchmesser und 5 cm Höhe
150 g	Möhren
	Salz
400 g	Knollensellerie
1 Teel.	Zitronensaft
1/8 l	Gemüsebrühe (Rezept Seite 40)
150 g	Sahne
3	Eigelb
	frisch gemahlener weißer Pfeffer
1	Prise gemahlene Muskatblüte
Für die Förmchen:	
	Butter
Zum Garnieren:	
	einige Schnittlauchhalme
Arbeitsaufwand:	
	etwa 30 Minuten
Garzeit:	
	etwa 40 Minuten

Während man noch bis vor kurzem unter Flan eher einen salzigen oder süßen Kuchen verstand, der mit einer Creme oder Eiercreme gefüllt war, denkt man heute eher an eine festere Creme, die nach dem sanften Garen im Wasserbad gestürzt werden kann. Besonders mit Gemüse lassen sich feine Flans zubereiten, zum Beispiel aus roten Beten, Broccoli oder Petersilienwurzeln.

Der Sellerieflan ist ausgesprochen zart. Sie können ihn schon am Vortag zubereiten und in den Förmchen im Kühlschrank aufbewahren. Am Zubereitungstag geben Sie ihn in den Backofen, während sie die Garnitur zubereiten.

Sehr gut passen zum Sellerieflan eine Apfelsauce und Stielmus beziehungsweise Mangold.

Für die Apfelsauce 1 feingeschnittene Schalotte, 3/4 gewürfelter Boskopapfel mit 50 g Kartoffelwürfeln in etwas Butterschmalz etwa 2 Minuten andünsten und mit Thymian würzen. Mit 1/8 l Gemüsebrühe aufgießen und die Sauce auf die Hälfte reduzieren. Wenn Apfel und Kartoffeln weich sind, die Sauce mit dem Pürierstab glatt pürieren und mit 150 ml Cidre aufgießen. Die Sauce zur Geschmackintensivierung erneut um ein Drittel reduzieren und 2 Eßlöffel Crème fraîche unterrühren. Die Sauce durch ein Sieb streichen. 1/4 Boskopapfel in sehr kleine Würfelchen (Brunoise) schneiden und in die Sauce geben.

Für das Stielmus das Blattgrün weitgehend von den Stielen streifen. Die Stiele in Stücke schneiden und in Salzwasser 1–2 Minuten blanchieren. Mangold braucht etwa 3 Minuten. In Eiswasser abschrecken. Das Stielmus oder den Mangold mit angedünsteten Schalottenwürfeln kurz in Butterschmalz schwenken. Mit Salz, Pfeffer und Muskat würzen und mit etwas Brühe ablöschen.

In ein Menü paßt der Flan am besten als vegetarisches Zwischengericht. Vorher können Sie etwa einen kleinen Salat und nachher Fisch oder Geflügel servieren. Als Hauptgericht ergänzen Sie ihn zusätzlich mit Petersilienkartoffeln oder Kartoffelpüree.

Servieren Sie den Flan in kleinen Portionen und wählen Sie entsprechend kleine Förmchen; dann kommt nämlich seine zarte Konsistenz besonders gut zur Wirkung. Wenn Sie den Flan aus dem Backofen holen, soll er noch weich, also gerade nur so fest sein, daß er sich stürzen läßt.

1. Die Möhren schälen und in etwa 5 cm lange Stücke schneiden. Diese Stücke rechteckig zuschneiden, dann in dünne, 5 cm lange und 1–11/2 cm breite Scheiben teilen.

6. Den gegarten Sellerie im Mixer fein pürieren. Erst die Sahne, dann die Eigelbe untermixen und die Masse mit Pfeffer, Salz und der Muskatblüte abschmecken. Die Brunoise untermischen.

2. In einem Topf 1 l Salzwasser zum Kochen bringen und die Möhrenscheiben darin etwa 1 Minute blanchieren, abschrecken und auf ein Küchentuch legen. Wenn Sie die Flans mit Stielmus oder Mangold servieren, das Blanchierwasser aufheben. Das Gemüse wird darin gegart.

7. Die Masse in die Förmchen bis zum ersten Rand füllen.

3. Die Förmchen mit Butter ausstreichen. Die Möhren abtupfen und den Rand der Förmchen damit ausfüttern; dafür die Scheiben senkrecht und einander überlappend aufstellen; der Boden bleibt frei.

8. Die Förmchen in eine Gratinform stellen, die etwa 3 cm hoch mit heißem Wasser gefüllt wird. Im Backofen (Mitte) etwa 25 Minuten garen.

4. Den Sellerie schälen. Etwa 30 g davon in sehr kleine Würfelchen (Brunoise) schneiden, mit dem Zitronensaft beträufeln und roh beiseite stellen. Den restlichen Sellerie in kleine Würfel schneiden.

9. Den Flan mit einem kleinen Messer vom Rand lösen, auf Teller stürzen und eventuell vorhandene Garflüssigkeit abtupfen.

5. Die Gemüsebrühe in einem Topf zum Kochen bringen und die größeren Selleriewürfel darin in etwa 15 Minuten weich kochen. Mit dem Schaumlöffel aus der Brühe heben. Den Backofen auf 150° vorheizen.

10. Die Garnierung zum Flan geben: hier mit Apfelsauce, die mit etwa 5 cm langen Schnittlauchstäbchen dekoriert wird.

Leipziger Allerlei mit Gambaklösschen

Dieses traditionsreiche Gericht ist es wert, wiederentdeckt zu werden. Junges mit Sorgfalt gegartes Gemüse harmoniert besonders gut mit frischen Morcheln. Mit gedünsteten Garnelen und zarten Garnelen-Zander-Klößchen garniert, wird Leipziger Allerlei zu einem festlichen Essen.

Für 6 Personen:

Für die Gambaklößchen:

100 g	rohe geschälte Gambas (Garnelen)
100 g	Zanderfilet
100 g	Sahne
1	Ei
1 Eßl.	Noilly Prat (trockener französischer Wermut)
1	Prise Cayennepfeffer
	Salz

Für das Gemüse:

250 g	Blumenkohlröschen
250 g	Spargel (möglichst weißer und grüner gemischt)
250 g	Möhren
250 g	Kohlrabi
250 g	Zuckerschoten (Kaiserschoten)
	Salz
2 l	Gemüsebrühe (Rezept Seite 40)
250 g	enthülste dicke Bohnen
200 g	frische Morcheln
2	Schalotten
2 Teel.	Butterschmalz
1/8 l	trockener Riesling
100 g	Crème fraîche

Für die Gambas:

12	Gambas (Garnelen)
2 Teel.	Olivenöl
	frisch gemahlener Pfeffer
	Kräuter- oder Meersalz

Zum Garnieren:

einige Dillspitzen

Arbeitsaufwand:

etwa 1 1/4 Stunden

Garzeit:

etwa 45 Minuten

1. Für die Klößchen die Gambas mit dem Zander, der Sahne, dem Ei, dem Noilly Prat, dem Cayennepfeffer und Salz fein pürieren. Die Farce durch ein Sieb streichen und kalt stellen.

2. Die Blumenkohlröschen waschen. Den Spargel putzen und waschen. Weißen Spargel auch schälen. Den Spargel dann in etwa 5 cm lange Stücke schneiden. Die Möhren und die Kohlrabi schälen und in 1 cm dicke und 5 cm lange Stifte schneiden. Die Zuckerschoten waschen und in etwa 3 cm lange Rauten schneiden.

3. In einem Topf 1/2 l Salzwasser zum Kochen bringen. Die Blumenkohl-röschen darin etwa 5 Minuten blan-chieren. Dann kalt abschrecken und abtropfen lassen.

4. Die Gemüsebrühe zum Kochen brin-gen. Das Gemüse darin nacheinander blanchieren, jeweils herausheben und abschrecken: Die dicken Bohnen 2–3 Minuten, den Spargel etwa 8 Minuten, die Möhren und die Kohl-rabi etwa 5 Minuten und die Zucker-schoten etwa 1 Minute. Die Gemüse-brühe aufbewahren.

5. Die Morcheln gründlich waschen und der Länge nach vierteln. Die Scha-lotten schälen und fein schneiden. Das Butterschmalz in einem Topf erhitzen. Die Schalotten darin unter Rühren etwa 1 Minute andünsten. Die Morcheln da-

zugeben und 2–3 Minuten dünsten. Den Wein angießen und einmal auf-kochen. Die Morcheln dann aus dem Sud heben.

6. 1 l Gemüsebrühe abmessen und mit dem Morchelsud aufkochen. Von der Gambamasse mit einem Teelöffel Klöß-chen abstechen, in die Brühe geben und bei schwacher Hitze 5–8 Minuten ziehen, aber nicht kochen lassen.

7. Die Klößchen auf eine Platte legen, mit etwas Brühe begießen und im Ofen bei 70° warm halten.

8. Die Brühe bei starker Hitze auf die Hälfte reduzieren. Die Crème fraîche einrühren, aufkochen lassen und in etwa 5 Minuten auf die Hälfte ein-kochen lassen. Die Sauce durchsieben und das Gemüse darin etwa 5 Minu-ten bei schwacher Hitze wärmen, aber nicht kochen lassen. In der letzten Minute die Morcheln hinzufügen.

9. Die Gambas längs halbieren. Das Olivenöl in einer Pfanne erhitzen und die Gambas darin 1–2 Minuten unter Wenden leicht anbraten. Mit Pfeffer und Salz würzen.

10. Die Gemüse auf tiefe Teller ver-teilen. Die Klößchen und die Gambas am Rand anrichten.

Mein Tip:

Morcheln sind im April und Mai frisch auf dem Markt. Es gibt sie als Wild-pilze, aber auch aus Zuchtbetrieben. Gezüchtete Pilze haben den Vorteil, so gut wie nicht belastet zu sein.

KARTOFFELGULASCH MIT SÜSSKARTOFFELN

Sie können dieses herzhafte Gericht rein vegetarisch mit einem bunten Salat, aber auch mit Dorade, Geflügel oder Lamm servieren.

Für 6 Personen:	
15	Cherrytomaten
1 kg	festkochende Kartoffeln
1 kg	Süßkartoffeln
300 g	Möhren
6	Frühlingszwiebeln
3	Schalotten
1	Knoblauchzehe
2 Eßl.	Olivenöl
1 Eßl.	Tomatenmark
1/2 l	Gemüsebrühe (Rezept Seite 40)
4	Salbeiblätter, feingeschnitten
1	Lorbeerblatt
2	Gewürznelken
	frisch gemahlener schwarzer Pfeffer
	Salz
150 g	schwarze Oliven
2 Eßl.	Ingwer, frisch gerieben
Zum Garnieren:	
	Petersilienblättchen
Arbeitsaufwand:	
	etwa 30 Minuten
Garzeit:	
	etwa 25 Minuten

1. In einem Topf 1/2 l Wasser zum Kochen bringen. Die Cherrytomaten etwa 1/2 Minute eintauchen, herausheben, abschrecken und enthäuten.

2. Die Kartoffeln und die Süßkartoffeln schälen und in etwa 4 cm lange spindelförmige Stücke schneiden (tournieren). Die Möhren schälen und in etwas kleinere – etwa 3 cm lange – Förmchen schneiden. Die Frühlingszwiebeln waschen, putzen und in 4–5 cm lange Stücke schneiden. Die Schalotten schälen und grob schneiden. Den Knoblauch schälen und kleinschneiden.

3. Das Olivenöl in einem Topf erhitzen. Die Schalotten mit dem Knoblauch hineingeben und kurz andünsten. Das Tomatenmark unterrühren, die Kartoffeln hinzufügen und alles 3–4 Minuten bei mittlerer Hitze unter Rühren andünsten.

4. Mit der Gemüsebrühe aufgießen. Den Salbei mit dem Lorbeerblatt und den Nelken hinzugeben. Die Kartoffeln mit Pfeffer und Salz würzen und alles etwa 8 Minuten bei schwacher Hitze zugedeckt garen. Dann die Möhren und die Süßkartoffeln hinzugeben und alles weitere 10 Minuten garen.

5. Die Oliven entkernen und mit den Cherrytomaten und den Frühlingszwiebeln zum Kartoffelgulasch geben. Den Ingwer unterrühren und das Gericht nochmals abschmecken. Noch 2–3 Minuten ziehen lassen.

6. Das Kartoffelgulasch auf Teller verteilen und mit etwas Petersilie garnieren.

MEIN TIP:

Aus den Gemüseresten, die bei diesem Gericht durch das Tournieren anfallen, können Sie eine Gemüsesuppe zubereiten.
Dieses Gericht können Sie auch ausschließlich mit Kartoffeln zubereiten. Besonders gut schmeckt es mit jungen Kartoffeln. Statt Tomatenmark sollten Sie einmal luftgetrocknete Tomaten aus dem italienischen Spezialgeschäft versuchen oder eine separat zubereitete Tomatensauce verwenden.

MANGOLD À LA CRÈME

Im Sommer und im Herbst sollten Sie dieses Gericht mit rotem Mangold zubereiten – vor allem, wenn Sie ein festliches Menü zusammenstellen wollen. Er schmeckt noch feiner und edler als grüner Mangold. Garen Sie Mangold nur kurz, so daß er noch fast roh wirkt. Dann entfaltet er seinen ausdrucksvollen Eigengeschmack besonders gut.

Für 3 Portionen	
1	kleiner Rosmarinzweig
3	Basilikumblätter
2 Eßl.	Kerbel
2 Eßl.	Petersilie
50 g	Grahambrösel
1	Knoblauchzehe
30 g	frisch geriebener Gruyère
	Kräuter- oder Meersalz
250 g	roter oder grüner Mangold
250 g	Cherrytomaten
2	Schalotten
1	Frühlingszwiebel
2	kleinere Petersilienwurzeln
2	mittelgroße Kartoffeln
2 Teel.	Butterschmalz
5 Eßl.	Gemüsebrühe (Rezept Seite 40)
1	Prise geriebene Muskatnuß
	frisch gemahlener weißer Pfeffer
1 Eßl.	Crème fraîche
1 Eßl.	Milch
2 Eßl.	gehackte Cashewnüsse
Für die Form	
	etwas Butter
Arbeitsaufwand	
	etwa 20 Minuten
Garzeit	
	etwa 25 Minuten

1. Vom Rosmarin den Stiel aufheben. Die Nadeln zusammen mit den übrigen Kräutern fein schneiden und mit den Grahambröseln vermischen. Die Knoblauchzehe schälen, durch die Presse drücken und mit dem Käse und Kräuter- oder Meersalz dazugeben.

2. Den Mangold waschen, die Blätter abschneiden und in feine Streifen schneiden. Die Stiele in 2 cm große Rauten schneiden. Die Tomaten etwa 1/2 Minute in kochendes Wasser legen, abschrecken und häuten. Die Schalotten schälen und in Scheiben schneiden. Die Frühlingszwiebel waschen, putzen und mit dem Grün ebenfalls in Scheiben oder Ringe schneiden. Die Petersilienwurzeln schälen und in kleinere Würfel, die Kartoffeln schälen und in größere Würfel schneiden.

3. Das Butterschmalz in einem Topf erhitzen. Die Schalotten, die Petersilienwurzeln und die Kartoffeln darin unter Rühren etwa 1 Minute andünsten. Mit der Gemüsebrühe ablöschen, den Rosmarinstiel hineingeben und das Gemüse mit Salz, dem Muskat und Pfeffer würzen. Das Gemüse zugedeckt bei schwacher Hitze garen, bis die Kartoffeln gerade gar sind; das dauert je nach Dicke der Würfel 8–10 Minuten.

4. Den Backofen auf 180° vorheizen. Während die Kartoffeln garen 1/2 l Salzwasser in einem Topf zum Kochen bringen. Die Mangoldstiele darin etwa 3 Minuten garen, bis sie bißfest sind. Dann herausnehmen und mit den Mangoldblättern, den Tomaten und den Frühlingszwiebeln zu den Kartoffeln geben. Den Rosmarinstiel entfernen. Die Crème fraîche, die Milch und die Cashewnüsse hinzugeben.

5. Das vorbereitete Gemüse in eine gebutterte Auflaufform füllen und mit der Grahambrösel-Kräuter-Mischung bestreuen. Das Ganze im Backofen (Mitte) etwa 10 Minuten backen, bis sich eine goldbraune Kräuterkruste gebildet hat.

MEIN TIP:

Sie können dieses Gericht auch sehr gut mit Fisch zubereiten: Dafür 250 g Zanderfilets würzen, mit Mehl bestäuben und in nicht zu heißem Butterschmalz leicht bräunen. Den Zander auf dem Mangold in den Backofen geben.
Als Garnierung schmecken Kräuterblättchen wie Basilikum, Petersilie und Kerbel.

SPINATKLÖSSCHEN MIT JUNGEM GEMÜSE

Locker zarte Spinatklößchen und junges Gemüse ergeben ein schönes vegetarisches Gericht. Den Spinat, der im April, Mai und Juni und im September, Oktober, November und Dezember aus regionalem Anbau auf dem Markt ist, können Sie im Frühling mit grünem Spargel, dicken Bohnen, Möhren und Radieschen kombinieren wie hier im Rezept gezeigt, im Herbst und Winter passen gut Schwarzwurzel, Möhren und Romanesco oder Blumenkohl.

Für 4 Personen:

500 g	mehligkochende Kartoffeln
1 1/2 l	Gemüsebrühe (Rezept Seite 40)
250 g	enthülste dicke Bohnen
250 g	junge Möhren
300 g	grüner Spargel
1	Bund Radieschen
250 g	Spinat
3	Schalotten
1	Knoblauchzehe
1 Eßl.	Olivenöl
75 g	Dinkelmehl
30 g	frisch geriebener Parmesan
1	Eigelb
1	Ei
1	Prise geriebene Muskatnuß
	frisch gemahlener schwarzer Pfeffer
	Salz
100 g	Crème fraîche
3 Eßl.	trockener Weißwein
1–2	Tropfen Zitronensaft
2 Teel.	Butterschmalz
1 Teel.	Ysop, frisch geschnitten (ersatzweise 1/2 Teel. getrockneter Ysop)

Arbeitsaufwand:

etwa 45 Minuten

Garzeit:

etwa 40 Minuten

1. Für die Spinatklößchen die Kartoffeln in der Schale von Wasser bedeckt zum Kochen bringen und etwa 20 Minuten zugedeckt bei mittlerer Hitze garen.

2. Inzwischen für das Gemüse 1/2 l Gemüsebrühe zum Kochen bringen. Das Gemüse nacheinander darin blanchieren und jeweils abschrecken: Die dicken Bohnen etwa 5 Minuten blanchieren. Die Möhren waschen und das Möhrengrün bis auf 3 cm abschneiden. Die Möhren etwa 5 Minuten blanchieren. Den grünen Spargel waschen und in 4–5 cm lange Stücke schneiden; etwa 5 Minuten blanchieren. Die Radieschen waschen und etwas Grün stehenlassen. Die Radieschen etwa 3 Minuten blanchieren. Das blanchierte Gemüse beiseite stellen.

3. Den Spinat verlesen und gründlich waschen. In der Blanchierbrühe einmal aufkochen, abtropfen und auskühlen lassen. Die Blanchierbrühe für die Sauce aufheben. Den Spinat auspressen und fein hacken.

4. 2 Schalotten und den Knoblauch schälen und fein schneiden. Das Olivenöl in einer Pfanne erhitzen. Die Schalotten darin etwa 2 Minuten andünsten. Den Knoblauch kurz mit andünsten, dann den Spinat dazugeben und etwa 5 Minuten dünsten.

5. Die gegarten Kartoffeln schälen, durch die Kartoffelpresse drücken und in eine Schüssel geben.

6. 1 l Gemüsebrühe zum Kochen bringen. Die Kartoffeln mit dem Spinat, dem Dinkelmehl, dem Parmesan, dem Eigelb und dem Ei zu einem püreeartigen Teig vermischen. Mit dem Muskat, Pfeffer und Salz würzen.

7. Von der Kartoffelmasse mit einem Eßlöffel Klöße abstechen, mit einem zweiten Eßlöffel länglich formen und in die Brühe gleiten lassen. Die Klöße bei schwacher Hitze etwa 10 Minuten ziehen, nicht kochen lassen.

8. Für die Sauce die Blanchierbrühe der Gemüse auf etwa 1/4 l Flüssigkeit einkochen lassen. Die Crème fraîche und den Weißwein einrühren. Die Sauce noch einmal auf die Hälfte reduzieren. Mit dem Zitronensaft, Pfeffer und Salz abschmecken. Dann beiseite stellen.

9. Die restliche Schalotte schälen und fein schneiden. Das Butterschmalz erhitzen. Die Schalotte darin mit dem Ysop etwa 3 Minuten unter Rühren andünsten. Die blanchierten Gemüse darin schwenken, um ihnen ein zusätzliches Aroma zu geben; dann in die Sauce legen.

10. Die Klößchen aus dem Sud heben und seitlich auf Teller legen. Die Gemüse in der Mitte zwischen den Klößchen verteilen.

Matelote mit Gemüse und Fisch

Gemüse und, wie es sich für eine Matelote gehört, möglichst viele verschiedene Fische werden in einer würzigen Weinsauce gegart. In diesem Rezept ist das Gemüse stärker als sonst ins Zentrum gerückt und gibt dem Gericht ein volles Aroma.

100 g	Möhren
100 g	Petersilienwurzeln
600 g	kleine festkochende Kartoffeln
	(je etwa 50 g)
70 g	Lauch (nur das Weiße)
200 g	kleine Champignons mit festen
	Köpfen
100 g	Perlzwiebeln
1/2 l	Gemüsebrühe (Rezept Seite 40)
1	kleiner Thymianzweig
2	Lorbeerblätter
1	Knoblauchzehe
1 Eßl.	Estragon, feingeschnitten
1 1/2 Eßl.	Petersilie, feingeschnitten
2	Schalotten
1 Teel.	Butter
1/2 l	trockener Riesling
900 g	gemischte küchenfertige Fisch-
	stücke, zum Beispiel Aal, Schleie,
	Felchen, Forelle und Zander
100 g	Crème fraîche
1	Prise geriebene Muskatblüte
	Kräuter- oder Meersalz
	frisch gemahlener schwarzer
	Pfeffer
	Saft von
1/2	Zitrone

150 g	Grahambrot
	eventuell etwas Butter
	Petersilie

etwa 45 Minuten

etwa 40 Minuten

1. Die Möhren und die Petersilienwurzeln schälen und in etwa 3 cm lange Stücke schneiden. Die Kartoffeln schälen. Den Lauch waschen, putzen und in feine Streifen (Julienne) schneiden. Die Champignons und die Perlzwiebeln putzen.

2. Die Gemüsebrühe zum Kochen bringen. Den Thymianzweig und die Lorbeerblätter hinzufügen. Zunächst die Möhren und die Kartoffeln hineingeben und etwa 5 Minuten bei mittlerer Hitze zugedeckt garen. Die Petersilienwurzeln und die Perlzwiebeln untermischen und ebenfalls 5 Minuten garen. Die Pilze und den Lauch hinzugeben. Den Knoblauch schälen, durch die Presse drücken und unterrühren. Den Estragon und die Petersilie hinzufügen und alles noch etwa 5 Minuten garen.

3. Das Gemüse aus der Brühe heben, abtropfen lassen und zur Seite stellen. Die Brühe aufheben.

4. Die Schalotten schälen und fein schneiden. Die Butter in einem Topf schmelzen lassen und die Schalotten darin etwa 3 Minuten unter Rühren andünsten. Mit der Gemüsebrühe auffüllen und den Wein dazugießen. Alles aufkochen lassen.

5. Die Fische in etwa 50 g schwere Stücke schneiden. Zunächst den Aal in die Brühe einlegen und etwa 10 Minuten ziehen, nicht kochen lassen. Die Schleie und die Felchen dazugeben und etwa 5 Minuten ziehen lassen. Dann die Forelle und den Zander hinzugeben und alles noch einmal etwa 5 Minuten garen lassen. Den Fisch aus der Brühe heben und im Backofen bei 70° warm stellen.

6. Die Brühe bei starker Hitze auf die Hälfte einkochen lassen. Die Crème fraîche untermischen und die Sauce noch einmal auf die Hälfte reduzieren. Mit der Muskatblüte, Kräuter- oder Meersalz und Pfeffer würzen.

7. Die Champignons und die Gemüse in die Sauce geben und einmal aufkochen lassen. Mit dem Zitronensaft abschmecken.

8. Das Grahambrot in Würfel schneiden und in einer Pfanne eventuell mit etwas Butter anrösten. Die Matelote in einer Gratinform auftragen oder auf Teller verteilen. Die Grahambrotwürfel darüber streuen und die Matelote mit Petersilienblättchen garnieren.

GEMÜSE-TIAN

Dieser herzhafte Gemüseauflauf, der seinen Namen der irdenen Backform verdankt, in der er traditionell zubereitet wird, ist in der Provence und in Nizza sehr beliebt. Sie können ihn mit einem gemischten Salat kombinieren, aber auch mit gedünsteten Fischfilets oder mit Lammrückenscheiben servieren.

Für 6 Personen:	
1	Tian- oder Auflaufform von
	22 x 33 cm Größe
4	Schalotten
1	Knoblauchzehe
200 g	kleine Champignons
3 EßI.	Olivenöl
	frisch gemahlener schwarzer
	Pfeffer
	Salz
500 g	Spinat
1 kg	Kartoffeln
750 g	Fleischtomaten
250 g	Zucchini
1	Prise geriebene Muskatnuß
	Kräuter- oder Meersalz
2 EßI.	Schnittlauch, feingeschnitten
1 Teel.	Rosmarin, feingeschnitten
1/8 l	trockener Weißwein (Bordeaux)
2 EßI.	frisch geriebener Parmesan oder
	Pecorino

Für die Form:	
	Olivenöl

Arbeitsaufwand:	
	etwa 40 Minuten

Garzeit:	
	etwa 35 Minuten

1. Die Schalotten und die Knoblauchzehe schälen und fein hacken. Die Champignons putzen und längs vierteln.

2. 1 Teelöffel Olivenöl in einer Pfanne erhitzen. Die Schalotten darin kurz andünsten. Die Champignons hinzugeben und bei starker Hitze dünsten, bis alle Flüssigkeit, die sich dabei bildet, wieder verdampft ist. Das dauert etwa 1 Minute. Mit Pfeffer und Salz würzen und beiseite stellen.

3. 1/2 l Wasser zum Kochen bringen. Den Spinat gründlich waschen, entstielen, in das Blanchierwasser geben, einmal aufkochen lassen und in ein Sieb schütten. Abtropfen lassen.

4. Die Kartoffeln schälen. Die Tomaten und die Zucchini waschen. Alles in dünne Scheiben schneiden. Den Backofen auf 180° vorheizen. Die gefettete Form mit einander überlappenden Kartoffelscheiben so auslegen, daß der Boden und etwa 1 cm vom Rand davon bedeckt sind. Die Kartoffeln mit Pfeffer, Salz und etwas Muskat bestreuen.

5. Den Spinat grob schneiden, auspressen und mit Kräuter- oder Meersalz würzen. Den Spinat auf die Kartoffeln legen.

6. Die Tomaten- und die Zucchinischeiben einander abwechselnd auf den Kartoffeln verteilen. Mit den Kräutern bestreuen, dem restlichen Öl beträufeln und mit dem Wein übergießen.

7. Den Auflauf im Backofen (Mitte) etwa 20 Minuten backen. Dann die Champignons darauf verteilen und mit dem Käse bestreuen. Den Auflauf weitere 10 Minuten garen.

8. Den Auflauf in viereckige Portionsstücke schneiden und auf Teller verteilen oder in der Form servieren.

AUBERGINEN-MUSAKA MIT SCHWARZEN OLIVEN

Für diese Musaka werden Auberginen mit Tomaten und schwarzen Oliven kombiniert. Dazu schmeckt gegrillter Mittelmeerfisch.

Für 6 Personen:

Für die Tomatensauce:

1 kg	reife Flaschentomaten (Eiertomaten)
2 Teel.	Olivenöl
1 Eßl.	Tomatenmark
1	Knoblauchzehe
1 Teel.	Thymianblättchen
1 Teel.	Rosmarin, feingeschnitten
70 g	schwarze Oliven
	frisch gemahlener weißer Pfeffer
	Salz

Für die Zwiebelmischung:

250 g	rote Zwiebeln
3	Frühlingszwiebeln
2 Teel.	Olivenöl
1/2 Teel.	Thymianblättchen
	frisch gemahlener weißer Pfeffer
	Salz

Für die Auberginen:

800 g	Auberginen, Salz

Für die Béchamelsauce:

1/4 l	Milch
30 g	Dinkelmehl
1	Prise geriebene Muskatnuß
	weißer Pfeffer, Salz

Für die Form:

	Butter

Außerdem:

1	Schalotte
1	kleine Knoblauchzehe
2 Teel.	Olivenöl
4 Eßl.	trockener Weißwein
6 Eßl.	Gemüsebrühe (Rezept Seite 40)
	weißer Pfeffer, Salz
1/2 Teel.	Aceto balsamico

Zum Garnieren:

	Kräuter-(blüten)

Arbeitsaufwand:

etwa 1 Stunde

Garzeit:

etwa 1 1/4 Stunden

1. Für die Tomatensauce die Tomaten enthäuten, entkernen und würfeln. Ein Drittel der Tomatenwürfel und die Kerne getrennt beiseite stellen.

2. Das Olivenöl in einem Topf erhitzen. Das Tomatenmark einrühren. Die Knoblauchzehe durch die Presse drücken und unterrühren. Die Tomatenwürfel, den Thymian und den Rosmarin hinzufügen und die Sauce bei mittlerer Hitze etwa 5 Minuten garen. Die Oliven entkernen und grob hacken. Unter die Sauce mischen. Die Sauce mit Pfeffer und Salz abschmecken und unter Rühren weitergaren, bis alle Flüssigkeit verdampft ist.

3. Für die Zwiebelmischung die roten Zwiebeln schälen und fein schneiden. Die Frühlingszwiebeln waschen, putzen und kleinschneiden. Das Olivenöl in einer Pfanne erhitzen. Die Zwiebeln darin bei mittlerer Hitze etwa 5 Minuten andünsten. Die Frühlingszwiebeln und den Thymian dazugeben und etwa 3 Minuten mitdünsten. Die Zwiebelmischung pfeffern und salzen.

4. Die Auberginen waschen und in längliche, etwa 1 cm dicke Scheiben schneiden. 1 Minute in Salzwasser blanchieren, dann auf einem Tuch zum Abtropfen ausbreiten.

5. Für die Béchamelsauce die Milch zum Kochen bringen. Das Mehl mit etwas Wasser vermischen und einrühren. Mit dem Muskat, Pfeffer und wenig Salz mild abschmecken. Die Sauce etwa 5 Minuten unter häufigem Rühren bei schwacher Hitze köcheln lassen.

6. Den Backofen auf 180° vorheizen. Eine gebutterte feuerfeste Form mit Auberginenscheiben auskleiden, dabei einen Teil außen über den Rand hängen lassen. Die Hälfte der Tomatensauce einfüllen. Wieder eine Schicht Auberginen einschichten und mit der Zwiebelmischung bedecken. Mit der Tomatensauce begießen und mit den übrigen Auberginen abschließen. Die Auberginenscheiben über den Zutaten zusammenklappen und mit der Béchamelsauce begießen.

7. Die Musaka im Backofen (Mitte) etwa 30 Minuten goldgelb backen.

8. Inzwischen für die Sauce die Schalotte und den Knoblauch schälen und in 1 Teelöffel Olivenöl etwa 3 Minuten andünsten. Die Tomatenkerne hinzufügen. Mit dem Wein und der Brühe aufgießen. Den Sud bei mittlerer Hitze um ein Drittel einkochen lassen; dann durch ein Sieb geben. Die Tomatenwürfel in den Sud geben und 1–2 Minuten darin garen. Mit Pfeffer, Salz und dem Essig abschmecken.

9. Die Musaka auf Teller verteilen. Die Tomatenwürfel samt Sud rundum legen und mit Kräutern garnieren.

MEIN TIP:

Attraktiver wird die Sauce, wenn Sie schaumig geschlagenen Joghurt oder Dickmilch daraufgeben und mit einer Gabel Muster ziehen.

KOHLRABI-RÖSTI MIT MORCHELSAUCE UND WIRSING

Denken Sie rechtzeitig daran, die Morcheln einzuweichen.

Für 4 Personen:

Für die Morchelsauce:

25 g	getrocknete Morcheln
2	Schalotten
20 g	Butterschmalz
1 Eßl.	Cognac
100 g	Sahne
2 Teel.	Crème fraîche
	frisch gemahlener weißer Pfeffer
	Salz

Für den Wirsing:

500 g	Wirsing
2	Schalotten
1 Teel.	Butterschmalz
3 Eßl.	Gemüsebrühe (Rezept Seite 40)
1	Prise gemahlener Kümmel
	frisch gemahlener weißer Pfeffer
	Salz

Für die Kohlrabi-Rösti:

2	Schalotten
400 g	mehligkochende Kartoffeln
500 g	Kohlrabi
60 g	Mandeln (mit oder ohne Haut)
2 Teel.	Petersilie
	frisch gemahlener weißer Pfeffer
	Salz
1	Prise geriebene Muskatnuß
4 Teel.	Traubenkernöl

Quellzeit:

etwa 1 Stunde

Arbeitsaufwand:

etwa 40 Minuten

Garzeit:

etwa 25 Minuten

1. Die Morcheln waschen, dabei den Sand gründlich ausspülen. Die Morcheln etwa 1 Stunde in 1/2 l Wasser einweichen.

2. Die Morcheln dann abtropfen lassen, das Einweichwasser aufheben. Die Morcheln in feine Streifen schneiden. Die Schalotten schälen und sehr fein schneiden.

3. Das Butterschmalz in einem Topf zerlassen. Die Schalotten mit den Morcheln darin 2–3 Minuten bei schwacher Hitze andünsten. Dann mit dem Cognac ablöschen, die Morcheln herausnehmen und die Sauce mit 1/4 l Morchelwasser aufgießen. Die Sauce in etwa 10 Minuten um ein Drittel einkochen lassen. Die Sahne unterrühren und die Sauce auf die Hälfte reduzieren.

4. Die Morcheln wieder in die Sauce geben. Die Crème fraîche unterrühren. Die Sauce mit Pfeffer und Salz abschmecken und warm stellen.

5. Während die Morchelsauce kocht, den Wirsing in etwa 2 cm breite Streifen schneiden. Die Schalotten schälen und in kleine Würfel schneiden. Das Butterschmalz in einer Pfanne erhitzen und die Schalotten darin etwa 2 Minuten andünsten. Den Wirsing kurz mitandünsten und mit der Gemüsebrühe ablöschen. Mit dem Kümmel, Pfeffer und Salz würzen. Den Wirsing zugedeckt etwa 5 Minuten dünsten. Dann ebenfalls warm stellen.

6. Für die Rösti die Schalotten schälen und sehr fein schneiden. Die Kartoffeln und die Kohlrabi schälen und grob raspeln. Die Mandeln grob hacken. Alle diese Zutaten in einer Schüssel vermischen. Die Petersilie und die jungen Kohlrabiblättchen fein schneiden und untermischen. Mit Pfeffer, Salz und dem Muskat würzen.

7. Das Öl in einer Pfanne erhitzen und 8 Rösti von etwa 2 cm Dicke und 9 cm Durchmesser pro Seite 2–3 Minuten bei mittlerer Hitze backen.

8. Die Rösti auf Teller verteilen, den Wirsing seitlich dazulegen und alles mit der Sauce umgießen.

Gefüllte Gemüse und mit Gemüse Gefülltes

Wer sie einmal zubereitet hat, weiß sie zu schätzen: Die köstlich gefüllten Kleinigkeiten, die sich sowohl als attraktive Vorspeisen wie auch als leichte, dekorative Hauptgerichte servieren lassen. Alle Gerichte in diesem Kapitel eignen sich hervorragend für die Zusammenstellung eines festlichen Menüs.

WIRSINGWICKEL MIT GRÜNKERN UND HAGEBUTTENSAUCE

Frühwirsing mit seinen dunkelgrünen Blättern und lockerem Kopf eignet sich ebensogut zum Füllen wie Herbstwirsing mit festem Kopf und zartgrünen Blättern.

Für 4 Personen:

Für die Wickel:

100 g	Grünkern
100 g	Eßkastanien (Maronen)
	Salz
1	mittelgroßer Wirsing
150 g	Haselnüsse
150 g	gemischte Pilze (Austernpilze, Egerlinge und Shiitakepilze)
3	kleine Schalotten
1 Eßl.	Butterschmalz
2 Eßl.	Petersilie, feingeschnitten
1 Teel.	Thymian, feingeschnitten
1 Teel.	Rosmarin, feingeschnitten
1	Prise Cayennepfeffer
1	Prise gemahlene Gewürznelken
1/4 Teel.	Kümmel
	frisch gemahlener schwarzer Pfeffer
1 Eßl.	Grahambrösel
1/8 l	Gemüsebrühe (Rezept Seite 40)

Für die Sauce:

60 g	Petersilienwurzeln
1	Schalotte
2 Teel.	Butterschmalz
4 Eßl.	trockener Weißwein
1/8 l	Gemüsebrühe (Rezept Seite 40)
150 g	Hagebuttenmark
1/8 l	Hagebuttensaft
	Saft von
1/2	Zitrone
	schwarzer Pfeffer, Salz

Zum Garnieren:

einige Petersilienzweiglein

Quellzeit:

6–10 Stunden

Arbeitsaufwand:

etwa 50 Minuten

Garzeit:

etwa 50 Minuten

1. Den Grünkern in 200–250 ml Wasser 6–10 Stunden einweichen.

2. Den Grünkern dann aufkochen lassen und 20 Minuten bei schwacher Hitze im geschlossenen Topf garen.

3. Die Kastanien kreuzweise einschneiden. In 2 l kochendem Wasser 15–20 Minuten kochen, bis die Schalen aufspringen. Kalt abschrecken und von Schale und Haut befreien.

4. 2 l Salzwasser zum Kochen bringen. Aus dem Wirsing den Strunk ausstechen. Den Wirsing waschen, etwa 2 Minuten blanchieren, abschrecken und abkühlen lassen. 8–12 große Blätter ablösen, abtupfen und die großen Rippen herausschneiden. Die übrigen Blätter hacken. Die Kastanien vierteln.

5. Die Haselnüsse ohne Fett bei mittlerer Hitze rösten, bis sie zu duften beginnen. In ein Tuch einschlagen und reiben, um einen Teil der braunen Häutchen zu entfernen. Die Haselnüsse mit einem breiten Messer zerdrücken.

6. Die Pilze putzen und kleinschneiden. Die Schalotten schälen und fein schneiden. Das Butterschmalz in einer Pfanne erhitzen. Die Schalotten mit den Pilzen und den Kräutern darin bei mittlerer Hitze etwa 5 Minuten dünsten.

7. Die kleingeschnittenen Wirsingblätter, die Pilze und den Grünkern mit dem Cayennepfeffer, der Nelke, dem Kümmel, Pfeffer und Salz kräftig abschmecken. Die Grahambrösel, die Haselnüsse und die Kastanien unterrühren.

8. Den Backofen auf 160° vorheizen. Jeweils 1 Wirsingblatt mit der gerippten Seite nach oben in eine Suppenkelle legen und dabei die eingeschnittenen Teile übereinanderschieben. Die Füllung hineingeben und mit dem überhängenden Blatteil bedecken. Die Flüssigkeit auspressen und die Wirsingköpfchen mit der zusammengefalteten Seite nach unten in die Form geben.

9. Die Wirsingwickel mit der Gemüsebrühe umgießen und im Backofen (Mitte) 8–10 Minuten backen.

10. Für die Sauce die Petersilienwurzeln schälen und würfeln. Die Schalotte schälen und fein schneiden. Das Butterschmalz in einem Topf erhitzen. Die Schalotte mit den Petersilienwurzeln darin etwa 2 Minuten andünsten. Mit dem Wein ablöschen und mit der Gemüsebrühe auffüllen. Alles in 5–10 Minuten auf die Hälfte einkochen lassen.

11. Die Sauce mit dem Hagebuttenmark und dem -saft aufkochen lassen und mit dem Zitronensaft würzen. Mit Pfeffer und Salz abschmecken. Die Sauce mit dem Pürierstab glatt pürieren und durch ein Sieb streichen.

12. Die Wirsingwickel auf Teller verteilen und mit der Sauce umgießen. Mit einigen Petersilienzweiglein garnieren.

MEIN TIP:

Hagebuttenmark und -saft erhalten Sie in Naturkostgeschäften.

Reisblätter mit Gemüse und Fisch

Die besonderen Zutaten erhalten Sie in asiatischen Spezialgeschäften oder in gut ausgestatteten Kaufhäusern. Sollte Ihr Fischhändler keine Loubine besorgen können, verwenden Sie statt dessen Steinbutt. Loubine ist ein Fisch aus der Barschfamilie und wird auch unter der Bezeichnung »Bar« oder »Loup« angeboten.

Für 4 Personen

2 Eßl.	Sesamsamen
200 g	Möhren
100 g	Kohlrabi
100 g	Knollensellerie
100 g	Lauch
2	Schalotten
1½ Eßl.	Sonnenblumenöl
1 Teel.	Ingwer, frisch gerieben
½ Teel.	Gomasiosalz (Sesamsalz)
1 Eßl.	Tamarisauce (japanische Soja-sauce)
	frisch gemahlener weißer Pfeffer
	Salz
1	unbehandelte Orange
400 g	Loubinenfilet
8	runde Reisblätter (Asienladen)
1	Eiweiß

	Butter

2	Schalotten
¼ l	Gemüsebrühe (Rezept Seite 40) oder Fischfond
⅛ l	trockener Riesling
150 g	Sahne
3	Orangen
	frisch gemahlener weißer Pfeffer
	Salz

Zum Garnieren:

	einige Kerbelblättchen

Arbeitsaufwand:

etwa 1 Stunde

Gart:

etwa 30 Minuten

1. Die Sesamsamen in einer Pfanne ohne Fett bei mittlerer Hitze rösten, bis sie zu duften beginnen.

2. Die Möhren, den Kohlrabi, den Sellerie und den Lauch schälen oder putzen und in feine Streifen (Julienne) schneiden. Die Schalotten schälen und fein schneiden.

3. Das Sonnenblumenöl erhitzen. Die Schalotten darin mit den Gemüse-julienne 2–3 Minuten bei starker Hitze schwenken. Den Ingwer und die Sesamsamen hinzugeben und mit dem Gomasiosalz, der Tamarisauce, Pfeffer und Salz würzen. Beiseite stellen.

4. Die unbehandelte Orange heiß waschen, abtrocknen und mit einem speziellen Orangenschälmesser Zesten (feine Streifen) herstellen (siehe auch den Tip zu diesem Rezept). Die Orange dann auspressen. Die Zesten in den Saft legen und beiseite stellen.

5. Das Fischfilet in Portionsstücke teilen. Die Reisblätter gründlich mit Wasser besprühen oder kurz in Wasser tauchen. Jeweils 2 Blätter aufeinanderlegen. Die Orangenzesten in die Mitte geben und die Reisblätter mit etwas Orangensaft beträufeln. Darauf schichtweise die Hälfte des Gemüses legen, dann den Fisch und das restliche Gemüse folgen lassen. Die Reisblätter um die Füllung wie Briefumschläge zusammenfalten.

6. Die gefüllten Reisblätter auf ein gebuttertes Backblech legen. Das Eiweiß leicht aufschlagen und die Reisblätter damit bepinseln. Den Backofen auf 200° vorheizen.

7. Für die Sauce die Schalotten schälen und fein schneiden. Mit der Gemüsebrühe und dem Wein aufkochen. In etwa 10 Minuten bei mittlerer Hitze um die Hälfte einkochen lassen. Die Sahne unterrühren und alles um ein Drittel einkochen lassen.

8. 2 Orangen filetieren: Dafür die Deckel und Böden abschneiden und die Schalen so abschneiden, daß das Fruchtfleisch frei liegt. Die Fruchtfilets mit einem scharfen Messer auslösen und den Saft aus den Trennhäutchen auspressen. Die dritte Orange auspressen.

9. Die Reisblätterpäckchen in den Backofen (Mitte) schieben und etwa 7 Minuten backen.

10. Die Orangenfilets auf einem Sieb abtropfen lassen und den abgetropften Saft mit dem ausgepreßten in die Sauce rühren. Alles unter Rühren in etwa 5 Minuten um ein Drittel einkochen lassen. Die Sauce durch ein Sieb gießen und mit Pfeffer und Salz abschmecken.

11. Die Reisblätter in die Mitte der Teller legen, die Orangenfilets daneben arrangieren. Mit der Sauce umgießen und mit den Kerbelblättchen garnieren.

Mein Tip:

Wenn Sie keinen Zestenreißer besitzen, können Sie einen Sparschäler verwenden. Schälen Sie die Schalen längs ab und schneiden Sie mit dem Messer feine Streifen.

GEFÜLLTE GEMÜSE AUS DEN GÄRTEN DER PROVENCE

Gefüllte Gemüse werden in der Provence häufig serviert. Hier ein glanzvolles Arrangement für eine festliche Gelegenheit.

Für 6 Personen:

9	schlanke Artischocken
	Saft von
1	Zitrone
	Salz
1 l	Gemüsebrühe (Rezept Seite 40)
12	kleine runde feste Tomaten (je etwa 60 g; am besten mit Stiel)
12	kleine runde Zucchini (je etwa 60 g)
12	frische weiße Zwiebeln mit Lauch (talergroß)
16	kleine Zucchini mit Blüte

Für die Füllung:

1 kg	Fleischtomaten
3	Schalotten
41/2 Teel.	Olivenöl
12	Basilikumblätter, feingeschnitten
1/2 Teel.	Olivenmark (aus dem Glas)
	frisch gemahlener Pfeffer
	Kräuter- oder Meersalz
400 g	Zucchini
1 Teel.	Thymianblättchen
1 Teel.	Salbei, feingeschnitten
35 g	frisch geriebener Parmesan
1	Ei
2	Anchovisfilets
2 Eßl.	Schnittlauchröllchen

Für das Backblech:

	etwas Butter

Arbeitsaufwand:

etwa 1 Stunde

Garzeit:

etwa 45 Minuten

In der Provence – wie übrigens im gesamten mediterranen Raum – sind gefüllte Gemüse beliebte Vorspeisen, werden aber auch gerne lauwarm als Hauptgerichte serviert. Im Sommer reicht man die gefüllten Gemüse häufig kalt und kombiniert sie mit einem besonderen Salat, dem Mesclun-Salat. Dieser zarte Salat mit leichtem Bittergeschmack besteht aus drei verschiedenen Salatsorten: Senfkohl, Löwenzahn und grünem Salat. Den Salat, den man mit einer Vinaigrette aus Olivenöl, Zitronensaft und Kerbel mischt, können Sie hierzulande gelegentlich beim Gemüsehändler auf Bestellung bekommen. Dies gilt auch für die Zucchiniblüten und die typischen Gemüse aus den Gärten der Provence – so etwa den runden Zucchini, die besonders gern zum Füllen verwendet werden, und den kleinen spitz zulaufenden bläulich bis violett gefärbten Artischocken.

Wenn Sie, wie hier im Rezept vorgeschlagen, einen kurzen Blattrand stehenlassen wollen, müssen die Blätter zart und weich sein. Achten Sie deshalb beim Einkauf darauf, ob die Blattspitzen stachelig sind. Dann nämlich geraten die Artischocken beim Garen zäh. Im Zweifelsfalle schneiden Sie lieber alle Blätter ab und verwenden ausschließlich die Böden zum Füllen.

Für einen festlichen Anlaß können Sie die gefüllten Gemüse mit Tomaten-Coulis servieren.

Dazu enthäutete und entkernte Tomatewürfel mit feingeschnittenen Schalotten in Olivenöl andünsten. Mit Thymianblättchen, durchgepreßtem Knoblauch, Pfeffer und Kräuter- oder Meersalz würzen und etwa 10 Minuten garen. Den Coulis pürieren und mit Aceto balsamico und Tabascosauce abschmecken.

Wenn Sie die gefüllten Gemüse auf einem solchen Tomaten-Coulis servieren, nehmen sich etwa 2 cm lange Schnittlauchhalme als Garnierung dekorativ aus.

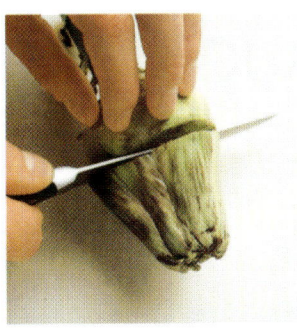

1. 6 Artischocken von den äußeren Blättern befreien und in der Mitte durchschneiden. Von 3 Artischocken alle Blätter entfernen; das Heu ausstechen, die Böden glattschneiden. Die Artischocken in Wasser mit dem Zitronensaft und Salz etwa 10 Minuten garen und abschrecken.

2. Die Gemüsebrühe aufkochen. Die Tomaten eintauchen, abschrecken und enthäuten. Den Teil mit dem Stiel als Deckel abschneiden. Die Tomaten aushöhlen, salzen und abtropfen lassen. Zum Füllen beiseite stellen.

3. Die Zucchini waschen und am Stielansatz so kappen, daß sie Stand haben. Die Kappe als Deckel aufheben. Die Zucchini bis auf eine 1 cm dicke Wand aushöhlen und in der Brühe etwa 3 Minuten blanchieren; dann abschrecken und abtropfen lassen.

4. Das Grüne 3–4 cm lang an den Zwiebeln lassen. Die Wurzeln gerade abschneiden. Die Zwiebeln etwa 5 Minuten blanchieren, abschrecken und abtropfen lassen.

5. Die Tomaten häuten, entkernen und würfeln. 2 Schalotten hacken, mit den Tomaten in 1 Teelöffel Öl 3–5 Minuten garen. Mit dem Basilikum, dem Olivenmark und 1/2 Teelöffel Öl mischen, pfeffern, salzen und in die Tomaten füllen. Deckel aufsetzen. Restliche Füllung beiseite stellen.

6. Die Zucchini waschen und in kleine Würfel schneiden. In 2 Teelöffeln Öl mit dem Thymian und dem Salbei 2–3 Minuten dünsten. Abschmecken und mit 15 g Parmesan bestreuen. Die Zucchini voll füllen und mit den Deckeln verschließen. Restliche Zucchinifüllung beiseite stellen.

7. Von den Zwiebeln Deckel abschneiden. Die Zwiebeln aushöhlen. Das Ausgehöhlte feingehackt mit jeweils der Hälfte der Tomaten- und Zucchinifüllung, mit 20 g Parmesan und dem Ei mischen; dann abschmecken. Die Zwiebeln voll füllen und mit Deckeln verschließen.

8. Den Backofen auf 140° vorheizen. Die Zucchini an den Blüten in Fächer schneiden. Die gesamte restliche Füllung vermischen, abschmecken und in die Blüten spritzen. Diese in eine Gratinform legen und mit 1/8 l von der Brühe umgießen.

9. Die 3 Artischockenböden achteln. Die restliche Schalotte schälen, fein schneiden und mit den Artischockenachteln in 1 Teelöffel Öl etwa 3 Minuten andünsten. Mit den Anchovisfilets fein hacken, mit dem Schnittlauch mischen und in die übrigen Artischocken füllen.

10. Die gefüllten Gemüse auf einem gebutterten Blech zusammen mit den separat gelassenen Zucchiniblüten 10–15 Minuten im Backofen (Mitte) erhitzen. Dann in bunter Folge auf Teller verteilen.

Gefüllte rote Bete mit Kerbelsauce

Rote Bete sind aus regionalem Anbau von September bis November in guter Qualität frisch auf dem Markt. Dann erhalten Sie auch, wenn Sie mit Ihrem Gemüsehändler sprechen, das Blattgrün dazu. Wählen Sie zum Füllen am besten dicke runde Knollen, die fest und glatt sind.

Für 4 Personen	
	Salz
4	große Rote-Bete-Knollen (je etwa
	160 g) mit Blättern
2	vollreife Tomaten
70 g	Möhren
170 g	Kohlrabi
60 g	Petersilienwurzeln
40 g	Lauch
1	Schalotte
1 Eßl.	Butterschmalz
1 Eßl.	Crème fraîche
1 Eßl.	Milch
1 Eßl.	Petersilie, feingeschnitten
1 Teel.	Rosmarin, feingeschnitten
1/2 Teel.	Kümmel
	frisch gemahlener weißer Pfeffer
50 g	gehackte Walnüsse
1/8 l	Gemüsebrühe (Rezept Seite 40)
Für die Kerbelsauce	
3 Eßl.	Crème fraîche
1 Eßl.	Kerbel, feingeschnitten
	Salz
	frisch gemahlener weißer Pfeffer
2 Eßl.	Dickmilch
Zum Garnieren	
	einige Kerbelzweiglein
Vorbereitungszeit	
	etwa 40 Minuten
Garzeit	
	etwa 1 Stunde

1. In einem Topf 1 1/2 l Salzwasser zum Kochen bringen. Die Blätter von den roten Beten abschneiden und beiseite legen. Die Rote-Bete-Knollen darin in etwa 45 Minuten weich kochen.

2. Inzwischen 1/2 l Wasser zum Kochen bringen. Die Tomaten etwa 1 Minute einlegen, herausheben, abschrecken, häuten, entkernen und in sehr kleine Würfel schneiden. Die Möhren, die Kohlrabi und die Petersilienwurzeln schälen und mit dem Lauch und der geschälten Schalotte in möglichst kleine Würfelchen (Brunoise) schneiden. Einige Blätter der roten Bete fein schneiden.

3. Das Butterschmalz in einem Topf erhitzen. Die Gemüse-Brunoise darin mit den Tomatenwürfelchen und den geschnittenen Rote-Bete-Blättern bei mittlerer Hitze 2–3 Minuten andünsten. Die Crème fraîche, die Milch, die Kräuter und den Kümmel unterrühren. Mit Salz und Pfeffer würzen. Das Ganze beiseite stellen.

4. Den Backofen auf 160° vorheizen.

5. Von den roten Beten die Schalen abziehen. Die Kappen abschneiden und die Böden gerade schneiden, damit die Knollen einen guten Stand haben. Die Knollen bis auf einen Rand von etwa 1/2 cm Dicke aushöhlen.

6. Das Ausgehöhlte kleinschneiden und mit den Walnüssen zu den Gemüsewürfeln geben. Die Füllung abschmecken und die roten Beten damit hoch gehäuft füllen. Die Kappe darauf legen und die gefüllten Gemüse in eine Auflaufform setzen. Mit der Brühe umgießen und mit schönen Blättern der roten Beten umlegen. Das Gemüse 5–10 Minuten in den Backofen (Mitte) geben und erhitzen.

7. Inzwischen für die Sauce die Crème fraîche in einem Topf erhitzen. Den Kerbel hinzufügen. Mit Salz und Pfeffer abschmecken und die Dickmilch mit dem Pürierstab kräftig unterschlagen.

8. Die Rote-Bete-Blätter abtropfen lassen und auf die Teller verteilen. Die roten Beten darauf setzen und die Sauce rundum gießen. Mit Kerbelzweiglein dekorieren.

Mein Tip:

Sie können gefüllte rote Beten als Vorspeise oder auch als Hauptgericht servieren; im letzteren Fall paßt sehr gut wilder Reis dazu, der sich zusammen mit eventuell übriggebliebenen Gemüsewürfelchen zu einem feinen Risotto verarbeiten läßt.

GEFÜLLTE AUBERGINEN

Für dieses Rezept werden die Auberginen vor dem Backen nicht in Olivenöl, sondern fettarm in Gemüsebrühe weich gegart. Wenn Sie keine kleinen Auberginen bekommen, nehmen Sie größere und halbieren sie vor dem Füllen. Sie können dieses leichte Gericht heiß oder lauwarm servieren.

Für 4 Personen:

4	kleine Auberginen (von je etwa 80 g)
2 l	Gemüsebrühe (Rezept Seite 40)
4	mittelgroße Tomaten
4	Schalotten
1	Peperoni
2 Eßl.	Olivenöl
1	Knoblauchzehe
je 1 Eßl.	Petersilie und Koriandergrün, fein geschnitten
1/4 Teel.	Kümmel
	frisch gemahlener schwarzer Pfeffer
	Salz
1 Eßl.	frisch geriebener Pecorino

Für die Tomatensauce:

500 g	vollreife Flaschentomaten (Eiertomaten)
1	Schalotte
2 Teel.	Olivenöl
1 Teel.	Tomatenmark
4 Eßl.	trockener Weißwein
1	Knoblauchzehe
2 Eßl.	Petersilie, feingeschnitten
	Salz
	frisch gemahlener schwarzer Pfeffer

Zum Garnieren:

2 Eßl.	Pinienkerne
	Petersilienblättchen

1. Die Auberginen waschen und von den Stielansätzen befreien. Die Schale längs in ein etwa 1 cm breites Streifenmuster schneiden und in der Mitte längs einen Schlitz einschneiden.

2. Die Gemüsebrühe zum Kochen bringen und die Auberginen darin zugedeckt in etwa 5 Minuten weich garen. Dann herausheben und abtropfen lassen.

3. Die Tomaten in der Brühe etwa 1 Minute blanchieren, herausheben, abschrecken und abtropfen lassen. Die Brühe beiseite stellen. Die Tomaten enthäuten, entkernen und in Würfel schneiden. Die Schalotten schälen, halbieren und in Streifen schneiden. Die Peperoni halbieren, von den Kernen befreien und in kleine Scheiben schneiden.

4. Den Backofen auf 180° vorheizen. 1/2 Eßlöffel Olivenöl in einer Pfanne erhitzen. Die Schalotten mit den Peperoni darin bei schwacher Hitze andünsten. Den Knoblauch schälen, durch die Presse drücken und untermischen. Die Petersilie, das Koriandergrün und den Kümmel hinzufügen. Die Tomatenwürfel untermischen, die Füllung mit Pfeffer und Salz würzen und bei mittlerer Hitze etwa 5 Minuten dünsten, bis alle Flüssigkeit verdampft ist. Die Füllung vom Herd nehmen und den Pecorino untermischen.

5. Die Füllung in die Auberginenschlitze geben und diese in eine feuerfeste Gratinform setzen. Mit 1/2 l der Gemüsebrühe umgießen und mit 1 1/2 Eßlöffeln Olivenöl beträufeln. Die Auberginen im Backofen (Mitte) etwa 20 Minuten backen.

6. Inzwischen für die Sauce die restliche Brühe zum Kochen bringen. Die Tomaten etwa 2 Minuten einlegen, herausheben, abtropfen lassen, häuten, entkernen und in kleine Würfel schneiden. Die Schalotte schälen und fein schneiden.

7. Das Olivenöl in einem Topf erhitzen. Die Schalotten hineingeben. Mit dem Tomatenmark verrühren und etwa 3 Minuten bei mittlerer Hitze andünsten. Mit dem Weißwein ablöschen. Den Knoblauch schälen, durch die Presse drücken und hinzufügen. Die Tomaten und die Petersilie hinzugeben. Mit Salz und Pfeffer würzen und etwa 10 Minuten bei schwacher Hitze zugedeckt garen. Die Sauce im Mixer pürieren und nochmals erwärmen.

8. Die Pinienkerne in einer Pfanne bei mittlerer Hitze ohne Fett rösten, bis sie zu duften beginnen.

9. Die Auberginen auf Teller verteilen, mit der Tomatensauce umgießen und mit den Pinienkernen und Petersilienblättchen garnieren.

MEIN TIP:

Diese Füllung eignet sich auch für andere Gemüse, die Sie fleischlos zubereiten wollen.

GEMÜSESTRUDEL AUF MÖHREN-ESTRAGON-SAUCE

Gemüsestrudel ist ein Gericht mit langer Tradition und wird, seit man mehr Wert auf Gemüse legt, häufig serviert. Die Zubereitung eines Strudels macht Spaß – vor allem das Ausziehen und Füllen des Teiges.

Für 6 Personen:

250 g	Dinkelmehl
1	Prise Salz
1	Prise Curry
1	Prise geriebene Muskatnuß
1/2 Teel.	Ingwer, frisch gerieben
1	Eigelb
2	Eier
4 Eßl.	Sonnenblumenöl

Für die Füllung:

100 g	Lauch
100 g	Möhren
100 g	Kohlrabi
100 g	Blumenkohl
100 g	mehligkochende Kartoffeln
1 Eßl.	Butterschmalz
1	Prise geriebene Muskatnuß
	frisch gemahlener Pfeffer
80 g	Cashewnüsse

Zum Bepinseln und für das Blech:

1 1/2 Eßl.	Sonnenblumenöl

Für die Möhren-Estragon-Sauce:

150 g	Möhren
2	Schalotten
1 Teel.	Butterschmalz
1/2 l	Gemüsebrühe (Rezept Seite 40)
1	Lorbeerblatt
1	Gewürznelke
	frisch gemahlener Pfeffer, Salz
2 Eßl.	Estragon, feingeschnitten
1 Eßl.	Cidreessig

Zum Garnieren:

einige Estragonblättchen

Arbeitsaufwand:

etwa 1 Stunde

Garzeit:

etwa 35 Minuten

1. 50 g Dinkelmehl für das Bemehlen der Arbeitsfläche beiseite stellen. Das übrige Mehl mit dem Salz, dem Curry, dem Muskat und dem Ingwer vermischen. Das Eigelb, die Eier und das Öl nach und nach unterarbeiten, bis ein elastischer glänzender Teig entsteht. Das dauert etwa 10 Minuten. Wenn nötig, etwas Wasser unterarbeiten. Den Teig bei Zimmertemperatur etwa 30 Minuten ruhen lassen.

2. Inzwischen für die Füllung den Lauch putzen, die Möhren und den Kohlrabi schälen und alles in feine Streifen (Julienne) schneiden. Den Blumenkohl waschen und grob raspeln. Die Kartoffeln schälen und würfeln.

3. Das Butterschmalz in einer Pfanne erhitzen. Das Gemüse hineingeben, mit dem Muskat, Pfeffer und Salz würzen und bei mittlerer Hitze etwa 5 Minuten unter Schwenken andünsten. Das Gemüse auf einem Sieb abtropfen lassen, die Flüssigkeit dabei auffangen und später in die Sauce geben.

4. Den Backofen auf 180° vorheizen. Den Strudelteig auf einem bemehlten Küchentuch ausrollen und dünn ausziehen. Das Gemüse auf dem Teig verteilen und dabei rundherum einen 5–6 cm breiten Rand frei lassen. Die Cashewnüsse grob hacken und über die Füllung streuen.

5. Den Teigrand über die Füllung schlagen. Den Strudel mit Hilfe des Tuchs einrollen und auf ein gefettetes Backblech gleiten lassen.

6. Den Strudel im Backofen (Mitte) in etwa 30 Minuten goldbraun backen.

7. Inzwischen für die Sauce die Möhren und die Schalotten schälen und fein schneiden. Das Butterschmalz in einer Pfanne erhitzen. Die Möhren und die Schalotten darin bei mittlerer Hitze etwa 5 Minuten andünsten. Mit der Gemüsebrühe und der Dünstflüssigkeit vom Gemüse aufgießen. Das Lorbeerblatt und die Nelke hineingeben, die Sauce mit Pfeffer und Salz abschmecken und in etwa 10 Minuten auf etwa die Hälfte einkochen lassen.

8. Dann das Lorbeerblatt und die Nelke entfernen und die Sauce mit dem Pürierstab glatt pürieren. Den Estragon unterrühren und die Sauce mit dem Cidreessig abschmecken.

9. Den Strudel in Scheiben schneiden und auf Teller verteilen. Die Sauce daneben geben und darauf kreuzweise einige Estragonblättchen legen.

MEIN TIP:

Dinkel eignet sich für Vollkornteige besonders gut; der Teig wird weich, läßt sich gut verarbeiten und garantiert ein schönes Resultat. Den Strudelteig können Sie übrigens am Vortag herstellen und über Nacht im Kühlschrank ruhen lassen.

GEFÜLLTE CRÊPES MIT KURKUMASAUCE

Sie können Crêpes im voraus backen, dann im Nu füllen und auftragen.

Für 6 Personen:

Für die Crêpes:

125 g	Dinkelmehl
1	Prise geriebene Muskatnuß
1	Prise Kräuter- oder Meersalz
1	Ei, 1 Eigelb
1/4 l	Milch
2 Eßl.	Olivenöl

Für die Füllung:

100 g	Sojabohnenkeimlinge
150 g	Enoki- oder Austernpilze
200 g	Möhren
100 g	Knollensellerie
200 g	Zucchini
2	Schalotten
2	Frühlingszwiebeln
1/8 l	Gemüsebrühe (Rezept Seite 40)
1	Knoblauchzehe
1/2 Teel.	Majoran, feingeschnitten
1/4 Teel.	Thymianblättchen
1 Eßl.	Petersilie, feingeschnitten
10	Blättchen Koriandergrün
1 Teel.	Ingwer, frisch gerieben
	Pfeffer, Salz

Für die Kurkumasauce:

50 g	Lauch (nur das Weiße)
2	Schalotten
50 g	Petersilienwurzeln
1/4	Apfel (Boskop)
1/4	Banane
1 Eßl.	Butterschmalz
1 Teel.	gemahlene Kurkuma
1	Prise Curry
2–3 Eßl.	Orangensaft
1/2 l	Gemüsebrühe (Rezept Seite 40)
2 Eßl.	Crème fraîche

Zum Garnieren:

30	Sellerieblätter
1	Eiweiß, Salz

Für die Form:

etwas Butter

Ruhezeit:

1–2 Stunden

Arbeitsaufwand:

etwa 45 Minuten

Garzeit:

etwa 40 Minuten

1. Das Mehl mit dem Muskat und dem Kräuter- oder Meersalz vermischen. In die Mitte eine Mulde drücken. Das Ei und das Eigelb hineingeben, mit dem Schneebesen unterrühren; dabei die Milch zufließen lassen. Dann das Öl unterschlagen. Den Teig 1–2 Stunden ruhen lassen.

2. Die Sojabohnenkeimlinge waschen und kleinschneiden. Die Pilze, das Gemüse, die Schalotten und die Frühlingszwiebeln putzen oder schälen und in kleine Streifen (Julienne) schneiden oder in längliche Stücke raspeln.

3. Die Gemüsebrühe zum Kochen bringen. Die Knoblauchzehe schälen, durch die Presse drücken und mit dem Majoran und dem Thymian in die Brühe geben. Das Gemüse hineingeben. Die Petersilie, das Koriandergrün, den Ingwer, Pfeffer und Salz unterrühren. Das Gemüse bei mittlerer Hitze 2–3 Minuten in der Brühe schwenken, dann beiseite stellen.

4. Für die Sauce den Lauch putzen. Die Schalotten schälen und beides fein schneiden. Die Petersilienwurzeln und den Apfel schälen und mit der Banane in kleine Würfel schneiden.

5. Das Butterschmalz erhitzen. Den Lauch, die Schalotten, die Petersilienwurzeln, den Apfel und die Banane darin bei mittlerer Hitze etwa 3 Minuten andünsten. Mit dem Kurkuma und dem Curry würzen und mit dem Orangensaft und der Gemüsebrühe aufgießen. Die Sauce in etwa 10 Minuten um ein Drittel einkochen lassen.

6. Die Sauce fein pürieren, durch ein Sieb gießen und zurück in den Topf füllen. Die Crème fraîche unterrühren und die Sauce warm stellen. Den Backofen auf 130° vorheizen.

7. Den Crêpeteig mit etwa 4 Eßlöffeln Wasser verrühren. Je Crêpe etwa 2 Eßlöffel Teig in eine heiße, beschichtete oder schwere Pfanne einfüllen, glatt verteilen und bei mittlerer Hitze etwa 1 1/2 Minuten backen, bis der Teig unten braun wird und oben Blasen wirft. Die Crêpe wenden und von der zweiten Seite backen. Fett brauchen Sie nicht, da der Teig Öl enthält.

8. Gleichzeitig für die Garnierung 1/2 l Wasser zum Kochen bringen. Die Sellerieblätter hineintauchen, herausnehmen und abschrecken. Dann trockentupfen. Das Eiweiß mit Salz halbsteif schlagen und die Sellerieblätter hineintauchen. Ein Backblech mit Küchenkrepp auslegen und die Sellerieblätter darauf verteilen. Die Blätter im Backofen (Mitte) etwa 20 Minuten trocknen lassen.

9. Die Crêpes mit dem Gemüse füllen, wie Briefumschläge zusammenfalten, in eine gebutterte Form legen und für 10–15 Minuten zu den Sellerieblättchen in den Backofen schieben. Zum Servieren auf jedem Teller 2 Crêpes mit der Sauce umgießen und mit den Sellerieblättern belegen.

PERLHUHN MIT GEMÜSEFÜLLUNG UND SCHLEHENSAUCE

Wenn Sie das Auslösen des Perlhuhns nicht selbst machen wollen, übernimmt das sicher Ihr Geflügelhändler für Sie. Gebacken wird das Perlhuhn im Schweinenetz, das Sie beim Metzger vorbestellen sollten. Sie können auch Pergamentpapier verwenden, das Sie dann aber sorgfältig schließen müssen, damit es dem gefüllten Perlhuhn Halt gibt. Den Schlehenmuttersaft bekommen Sie im Naturkostgeschäft.

Für 4 Personen:	
4	etwa DIN A 5 große Stücke Schweinenetz

Für das Perlhuhn:	
1	Perlhuhn (etwa 800 g)
100 g	Möhren
50 g	Knollensellerie
50 g	Lauch
50 g	Petersilienwurzeln
2	Schalotten
1 Eßl.	Butterschmalz
1/2 Teel.	Thymianblättchen
1	Prise geriebene Muskatnuß
	frisch gemahlener schwarzer Pfeffer
	Salz
100 g	Pumpernickel
80 g	Haselnüsse
1	Schweinenetz
	Butter für die Form
1/8 l	Gemüsebrühe (Rezept Seite 40)
1/8 l	trockener Weißwein

Für die Sauce:	
2	Schalotten
1	Apfel (Boskop)
100 g	mehligkochende Kartoffeln
2 Teel.	Butterschmalz
1/8 l	Gemüsebrühe (Rezept Seite 40)
1/16 l	trockener Weißwein
1/8 l	Schlehenmuttersaft
	frisch gemahlener schwarzer Pfeffer
	Salz

Arbeitsaufwand:
etwa 40 Minuten

Garzeit:
etwa 30 Minuten

1. Das Perlhuhn in 4 Teile schneiden und beim Auslösen der Knochen die Keulen- und Flügelenden am Fleisch lassen. Man hackt den Keulenknochen ab, sobald er zur Hälfte freigelegt ist und trennt den Flügelknochen im Gelenk ab.

2. Die Gemüse und die Schalotten putzen oder schälen und in kleine Streifen (Julienne) schneiden. Das Butterschmalz in einem Topf erhitzen. Die Gemüse darin bei mittlerer Hitze 2–3 Minuten andünsten. Mit dem Thymian, dem Muskat, Pfeffer und Salz würzen.

3. Den Backofen auf 180° vorheizen.

4. Den Pumpernickel sehr fein hacken. Die Haselnüsse in einer Pfanne bei mittlerer Hitze ohne Fett rösten, bis sie zu duften beginnen. Dann in ein Tuch wickeln und reiben, um einen Teil der dünnen Schalen abzulösen. Die Haselnüsse grob zerkleinern.

5. Die Gemüse mit dem Pumpernickel und den Haselnüssen in einer Schüssel vermischen und in eine Spritztülle füllen.

6. Das Schweinenetz in vier rechteckige Teile schneiden und diese auf der Arbeitsfläche ausbreiten. Die Perlhuhnteile mit der Brustseite nach unten darauf legen. Die Füllung in die Keulen spritzen. Die Innenseite der Brüstchen mit einem Häufchen Füllung versehen und diese mit dem Perlhuhnfleisch umschließen. Dann die Perlhuhnteile mit den Schweinenetzen umhüllen.

7. Die gefüllten Perlhuhnteile in eine feuerfeste Form legen und mit der Gemüsebrühe und dem Wein umgießen. Die Perlhuhnteile im Backofen (Mitte) etwa 25 Minuten backen.

8. Inzwischen für die Sauce die Schalotten, den Apfel und die Kartoffeln schälen und kleinschneiden.

9. Das Butterschmalz in einem Topf erhitzen. Die Schalotte, den Apfel und die Kartoffeln darin bei mittlerer Hitze unter Rühren etwa 5 Minuten andünsten. Mit der Gemüsebrühe und dem Weißwein aufgießen und alles in etwa 15 Minuten um etwa die Hälfte einkochen lassen.

10. Den Schlehensaft unterrühren und die Sauce in etwa 10 Minuten noch einmal um ein Drittel einkochen lassen. Die Sauce mit dem Pürierstab pürieren und durch ein Sieb streichen. Mit Pfeffer und Salz abschmecken.

11. Das Perlhuhn aus dem Netz lösen soweit dies möglich ist. Die Perlhuhnteile schräg aufschneiden und auf die Teller verteilen. Die Sauce daneben geben.

MEIN TIP:
Zu diesem Perlhuhn passen sehr gut Maisplätzchen aus dickem Crêpeteig (Maismehl und Weizenmehl gemischt) oder Spätzle.

ZUCCHINI MIT AMARANTHFÜLLUNG

Dies ist ein sehr ausgewogenes vegetarisches Gericht: das Amaranth-Eiweiß ist biologisch sogar hochwertiger als das von Milch. Servieren Sie vorher ein Crudité und runden Sie das Menü mit einer Käseplatte ab.

160 g	Amaranth
1/2 l	ungesalzene Gemüsebrühe
	(Rezept Seite 40)
	Salz
2	mittelgroße Zucchini
100 g	ausgelöste Erbsen
100 g	Spinat
80 g	Pilze (Austernpilze und/oder
	Champignons)
2 Teel.	Butterschmalz
150 g	gemischte Gemüsewürfel (rote
	und grüne Paprikaschoten,
	Möhre, Kohlrabi, Lauch,
	Knollensellerie)
1	Knoblauchzehe
1 Eßl.	Schnittlauchröllchen
1 Teel.	Rosmarin, feingeschnitten
1	Prise geriebene Muskatnuß
50 g	frisch geriebener Gruyère
1/8 l	gesalzene Gemüsebrühe
	(Rezept Seite 40)

	Butter

2	Schalotten
20 g	mehligkochende Kartoffeln
1 Teel.	Butterschmalz
2 Teel.	Rosmarin, feingeschnitten
	Salz
1/4 l	Gemüsebrühe (Rezept Seite 40)

1 Eßl.	Petersilie, fein geschnitten
2 Eßl.	Dickmilch

	einige Kerbelblättchen oder
	Sellerieblätter
4	kleine Tomaten

etwa 50 Minuten

etwa 1 Stunde

1. Den Amaranth in der ungesalzenen Gemüsebrühe zum Kochen bringen. Dann zugedeckt bei schwacher Hitze etwa 30 Minuten garen; dann salzen.

2. Inzwischen die Zucchini waschen und der Länge nach halbieren. Die Hälften aushöhlen und einen etwa 1 cm breiten Rand stehenlassen.

3. Den Backofen auf 150° vorheizen. 1/8 l Salzwasser in einem Topf zum Kochen bringen. Die Erbsen darin 2–3 Minuten garen. In einem anderen Topf 1/2 l Salzwasser zum Kochen bringen. Den Spinat verlesen, gründlich waschen und im Salzwasser einmal aufkochen. Dann abtropfen lassen, dann kleinschneiden. Die Pilze putzen und in Würfel schneiden.

4. Das Butterschmalz in einer Pfanne erhitzen und die Gemüsewürfel darin bei mittlerer Hitze 2–3 Minuten andünsten.

5. Die Pilze zu den Gemüsewürfeln geben. Den Knoblauch schälen, durch die Presse drücken und mit dem Schnittlauch und dem Rosmarin unterrühren. Mit dem Muskat und Salz würzen. Die Füllung noch etwa 1 Minute dünsten lassen, dann beiseite stellen.

6. Die Erbsen, den Spinat, den Amaranth und den Käse mit dem gedünsteten Gemüse vermischen. Die ausgehöhlten Zucchini mit Muskat ausstreuen und die Füllung hoch gehäuft hineingeben. Die Zucchini in eine gebutterte Gratinform setzen, mit der gesalzenen Brühe umgießen, und 15–20 Minuten in den Backofen (Mitte) geben.

7. Inzwischen für die Sauce die Schalotten und die Kartoffeln schälen und in kleine Würfel schneiden. Das Butterschmalz in einem Topf erhitzen. Die Schalotten darin mit den Kartoffeln bei mittlerer Hitze einige Minuten andünsten. Den Rosmarin unterrühren, das Gemüse salzen und mit der Gemüsebrühe auffüllen. Im geschlossenen Topf bei schwacher Hitze etwa 10 Minuten garen.

8. Die Petersilie hinzugeben, die Sauce noch einmal aufkochen lassen und mit dem Pürierstab glatt pürieren. Durch ein Sieb streichen, nochmals aufkochen und die Dickmilch unmittelbar vor dem Servieren mit dem Pürierstab unterschlagen. Die Sauce darf nun nicht mehr kochen.

9. Die Zucchini auf die Teller verteilen und mit etwas Kerbel oder Sellerieblättchen garnieren. Die Sauce rundum gießen. Die Tomaten in Scheiben schneiden und dazulegen.

MEIN TIP:

Amaranth – getreideähnliche Körner – bekommen Sie in Reformhäusern und Naturkostläden.

ZANDER IN SÜSSKARTOFFELKRUSTE

Die Kombination von Zander und
Süßkartoffeln schmeckt zugleich süß
und pikant und bekommt dadurch
einen leicht orientalischen Akzent.

400 g	Möhren
1	kleiner Kohlrabi
400 g	Zucchini
1/4 l	Gemüsebrühe (Rezept Seite 40)
2	Schalotten
30 g	Lauch
50 g	Knollensellerie
1 EßI.	Butterschmalz
	frisch gemahlener weißer Pfeffer
	Salz
1 Teel.	Sherryessig
2 Teel.	Butter

600 g	Zanderfilet von einem großen Zander (siehe Tip)
	Salz
	frisch gemahlener weißer Pfeffer
600 g	Süßkartoffeln
200 g	mehligkochende Kartoffeln
1 EßI.	Butterschmalz
3 EßI.	gemischte Kräuter, fein- geschnitten (Kerbel, Schnittlauch, Petersilie)
1 EßI.	Tamarisauce (japanische Soja- sauce)
1 EßI.	Ingwer, frisch gerieben

etwa 45 Minuten

etwa 50 Minuten

1. Die Möhren und den Kohlrabi schälen. Die Zucchini waschen und putzen.
Aus den Gemüsen mit einem Kugelaus-
stecher haselnußgroße Kugeln ausstechen. Die Gemüseabschnitte aufheben.

2. Die Gemüsebrühe zum Kochen bringen. Zunächst die Möhrenkugeln darin
etwa 5 Minuten garen, dann die Kohlrabi hinzugeben und nach weiteren
3 Minuten die Zucchini hinzufügen.
Alles noch etwa 2 Minuten garen;
dann aus der Brühe heben, abschrecken und beiseite stellen.

3. Inzwischen 1 Schalotte schälen,
den Lauch putzen. Beides fein schneiden. Den Sellerie schälen und zusammen mit den Kohlrabiresten und 100 g
Möhrenresten grob schneiden.

4. Das Butterschmalz in einem Topf erhitzen. Die Schalotte mit dem Lauch
und dem kleingeschnittenen Gemüse
darin bei mittlerer Hitze etwa 5 Minuten andünsten. Mit der Gemüsebrühe
aufgießen, mit Pfeffer und Salz abschmecken und etwa 10 Minuten kochen lassen. Mit dem Pürierstab glatt
pürieren und durch ein Sieb streichen.
Mit dem Essig abschmecken und beiseite stellen.

5. Den Backofen auf 180° vorheizen.

6. Für den Zander die Filets in 4 rechteckige Portionsstücke schneiden, salzen und pfeffern.

7. Die Süßkartoffeln und die Kartoffeln
schälen und grob raspeln.

8. In einer Pfanne, die man auch in
den Backofen schieben kann, das Butterschmalz erhitzen. Die Kartoffelmasse
ausdrücken und mit den Kräutern, der
Tamarisauce, dem Ingwer, Pfeffer und
Salz würzen. 4 Häufchen in die Pfanne setzen, zu breiten Kartoffelplätzchen
drücken und die Fischfilets darauf
legen. Die Kartoffelplätzchen vom
Rand aus mit dem Spatel dicht an den
Fisch und dann über ihn drücken, so
daß er ganz davon bedeckt ist. Die
umhüllten Zanderfilets in der Pfanne
von der unteren Seite bei schwacher
Hitze in etwa 8 Minuten goldgelb
backen.

9. Die umhüllten Zanderfilets mit dem
Spatel wenden und im Backofen
(Mitte) in 17–20 Minuten goldgelb
backen.

10. Das Gemüse fertigstellen. Dafür
die zweite Schalotte schälen und fein
schneiden. Die Butter in einer Pfanne
schmelzen lassen und die Schalotte
darin bei mittlerer Hitze etwa 3 Minuten andünsten. Die Gemüse darin
schwenken und mit Pfeffer und Salz
würzen.

11. Den Zander auf Teller verteilen.
Die Gemüsekugeln rundum legen und
mit der Gemüsesauce begießen.

MEIN TIP:

Filets von einem größeren Zander, der
etwa 1 kg schwer ist, lassen sich am
besten portionieren. Die verbliebenen
Gemüsereste können Sie – vermischt
mit Kartoffelpüree – zu einer Beilage
verarbeiten.

MENÜ-ZUSAMMENSTELLUNGEN

Essen ist heute weit mehr als früher eine Angelegenheit des persönlichen Geschmacks und des individuellen Lebensstils. Und so werden Sie sicher bei Ihren Einladungen die unterschiedlichsten Menschen bewirten und immer häufiger diesen oder jenen Gast bei sich haben, der am liebsten Gemüse ißt oder sich überhaupt vegetarisch ernährt. Beliebt sind auch solche Gerichte, in denen Gemüse mit etwas Fleisch, edlem Fisch oder Geflügel kombiniert wird.

Für all diese Gegebenheiten sind die nachfolgenden Menüs zusammengestellt. Darüber hinaus finden Sie noch ein Beispiel für ein Essen ohne tierisches Eiweiß und ein Menü für Cholesterinbewußte. Allen Menüs sind Weinempfehlungen beigegeben, es handelt sich dabei um ausgesuchte Weine aus kontrolliert-ökologischem Anbau.

Menü 1

festlich

Spargel mit leichter Pampelmusen-Mousseline (Rezept Seite 12)

Lauchsuppe mit kleinen Ravioli (Rezept Seite 54)

Perlhuhn mit Gemüsefüllung und Schlehensauce (Rezept Seite 128)

Rhabarbergrütze

Weinempfehlung:
»Mosel, Saar, Ruwer« 1991
Riesling, trocken
Kinheimer Hubertuslay

Menü 2

gemütliches Essen

Keimlingssalat mit Papayas und Gambas (Rezept Seite 17)

Gefüllte Gemüse aus den Gärten der Provence (Rezept Seite 118)

Zander in Süßkartoffelkruste (Rezept Seite 132)

Zitronencreme mit Beerenmark und frischen Beeren

Weinempfehlung:
»Mosel, Saar, Ruwer« 1989
Riesling, Spätlese trocken
Kinheimer Römerhang

Menü 3

vegetarisch

Lauch mit Rote-Bete-Vinaigrette (Rezept Seite 25)

Kichererbsensuppe mit Minze (Rezept Seite 50)

Gemüsestrudel auf Möhren-Estragon-Sauce (Rezept Seite 125)

Bayerische Creme mit frischen Früchten

Weinempfehlung:
»Elsaß« 1988
Riesling Grand Cru Steinert

Menü 4

Mit Gemüse und Fisch

Zucchini-Carpaccio mit Gemüse-Vinaigrette (Rezept Seite 20)

Matelote mit Gemüse und Fisch (Rezept Seite 104)

Beerengratin mit Sabayon

Weinempfehlung:
»Côte du Rhône« 1987
Weißwein Viognier St. Apollionaire

festlich und vegetarisch

Gurkensorbet mit Löwenzahn und
Sellerie (Rezept Seite 26)

Artischockenquiche (Rezept Seite 18)

Gemüse-Bouillabaisse
(Rezept Seite 59)

Parfait von Passionsfrüchten mit Mango

Weinempfehlung:
»Bergerac« 1990
Rosé Château le Barradis

ohne tierisches Eiweiß

Crudité (Rezept Seite 32)

Charlotte Gärtnerin (Rezept Seite 85,
aber ohne Eiweiß und die Förmchen
mit Öl ausgestrichen)

Kaltschale von Johannisbeeren und
Pfirsich mit Minze

Weinempfehlung:
»Bourgogne« 1986
Rotwein Beaune 1er Cru

für Cholesterinbewußte (cholesterin- und
fettarm)

Salat von grünen Bohnen mit Gemüse-
julienne und Heilbutt (Rezept Seite 35;
verwenden Sie statt Zackenbarsch pro
Person 100 g Atlantischen Heilbutt, in
etwa 3 Eßlöffeln Gemüsebrühe oder
Weißwein gedünstet).
Gemüse-Tian mit Blattsalat (Rezept
Seite 107; für den Salat verwenden
Sie pro Person 50 g Blattsalat und eine
Vinaigrette aus 11/2 Teel. Walnußöl,
1 Teel. Cidreessig, 1 Teel. Gemüse-
brühe, Salz, Pfeffer und Estragon)
Exotischer Früchteteller
(pro Person 150 g gemischte Früchte)

Weinempfehlung:
»Bordeaux« 1989
Rosé Château les Jesuites

Mein Tip:
Dieses Menü enthält pro Person etwa
485 kcal/1990 kJ, 40 g Eiweiß,
15 g Fett und 55 mg Cholesterin und
paßt in den Rahmen einer cholesterin-
und fettarmen Normaldiät von etwa
2000 kcal pro Tag.

vegetarisch

Charlotte Gärtnerin (Rezept Seite 85)

Japanische Gemüsesuppe mit Nori
(Rezept Seite 48)

Mangold à la crème (Rezept
Seite 101)

Schwarze Kirschen in Portwein

Weinempfehlung:
»Côte de Beaune«
Weißwein La grande Chatelaine

Die Dessert-Vorschläge sind Anregun-
gen zur eigenen Gestaltung. Bei einigen Menüs haben Sie die Möglichkeit,
durch geringe Veränderungen in freier
Form anzurichten:
Menü 5 können Sie vegetarisch servieren oder je nach Wunsch Ihrer Gäste
durch Hinzugabe von gedünsteten
Gambas variieren.
Menü 8 können Sie vegetarisch reichen oder durch Hinzufügung von Zander verändern, wenn Sie jede Portion
auf dem Servierteller unter dem Grill
kurz überkrusten.

DER INHALT DES BUCHES VON A BIS Z

Hier stehen die Rezepttitel und Sachbegriffe in alphabetischer Reihenfolge. Damit Sie Rezepte mit bestimmten Zutaten wie zum Beispiel Teltower Rübchen oder Zucchini aber noch schneller finden können, stehen in diesem Register zusätzlich auch diese Gerichte – ebenfalls alphabetisch geordnet – über den jeweiligen Hauptzutaten.

DER INHALT DES BUCHES VON A BIS Z

Die Autoren

Christian Willrich

gebürtiger Elsässer, erhielt seine Ausbildung im renommierten Restaurant »Zimmer« in Straßburg. Nach einer Zwischenstation im Kurort Vittel in den Vogesen wurde er 1980 Küchenchef im Bremer Feinschmecker-Restaurant »La Campagne«. 1985 übernahm er im »Kreativen Haus«, einem bekannten Seminarzentrum in Worpswede, die Leitung der vegetarischen Vollwertküche. Durch die Kombination der feinen französischen Küche mit der neuen gesunden Art des Essens entwickelte er einen eigenen Stil, den er von 1990 an im Düsseldorfer Restaurant »Greens« pflegte. Heute ist er Küchenchef bei dem europaweit erfolgreichen Catering-Unternehmen Karl Broich in Düsseldorf. Er hat bereits mehrere Kochbücher verfaßt, einige davon in Zusammenarbeit mit Elisabeth Döpp.

Elisabeth Döpp

schloß ihr Studium der Germanistik mit dem Magister ab und war jahrelang Lektorin eines großen Verlages. Sie schrieb mehrere Kochbücher, darunter die Sammlung »Griechisch Kochen«, die von der Gastronomischen Akademie Deutschlands prämiert wurde. Elisabeth Döpp ist Mitglied einer Vereinigung europäischer Köche und UGB-Gesundheitstrainerin im Bereich Ernährung. Zusammen mit Christian Willrich gab sie Kochkurse im Restaurant »Greens«. Zu diesem Buch steuerte sie manche Anregung bei und wirkte bei der Ausarbeitung mit.

Pete A. und Susanne Eising

haben sich ausschließlich auf Food-Fotografie spezialisiert. In ihrem Studio für Lebensmittelfotografie entstehen anspruchsvolle Food-Aufnahmen. Zum Kundenkreis gehören Werbeagenturen und Industrieunternehmen, Zeitschriftenredaktionen und Kochbuchverlage. Um den Service abzurunden, ist an das Foto-Studio eine Bildagentur mit Sitz in München und in der Schweiz angeschlossen, selbstverständlich mit dem Hauptthema Food. Im Studio arbeitet ein Team von Profi-Fotografen und Foodstylisten, in der Studioküche sind ständig zwei Köche beschäftigt.

Impressum

© für diese Lizenzausgabe: Bellavista, ein Imprint der Verlag Karl Müller GmbH, Köln 2003
www.karl-mueller-verlag.de

ISBN 3-89893-589-2

Farbfotos: Susanne und Pete A. Eising, S. Langner (Seite 7)
Foodstyling: Hans Landersdorfer
Gestaltung: Ludwig Kaiser

Druck und Bindung:
Mateu Cromo Artes Gráficas
Printed in Spain